나를 행복하게 만드는
배려의 심리

지은이 **가토 다이조**加藤諦三

도쿄에서 태어나 도쿄대학 교양학부를 졸업하고, 동 대학원에서 사회학을 전공하였다.
현재 와세다대학 교수로 재직중이며 하버드대학 심리연구소에서 연구원으로 활동하고 있다.
저서로는『사랑받지 못할 때는 어떻게 할 것인가』『자기 자신을 발견하는 법』『보다 안정된 마음으
로 사는 법』『자신을 재발견하는 심리학』『자신』등이 있다.

나를 행복하게 만드는

배려의 심리

가토 다이조 지음 | 양경미 옮김

오늘의책

옮긴이 **양경미**

한양대학교를 졸업했으며 전문 번역가이자 묘한글 번역연구회 리더로 활동중이다.
역서로 『넷 비즈니스 경영전략』『CRM』『내일의 바람』『태공망 상·중·하』『한송이 꽃』『감나무가
있는 집』『일본 기담집 1·2』『하고 싶은 일을 시작하라』『우리의 타자他者가 되는 한국』등이
있다.

나를 행복하게 만드는 배려의 심리

초판 1쇄 인쇄 | 2006년 03월 20일
초판 1쇄 발행 | 2006년 03월 25일

지은이 | 가토 다이조
옮긴이 | 양경미
펴낸이 | 최순철
펴낸곳 | 오늘의책

주소 | 서울시 마포구 합정동 412-26호 2층
전화 | 322-4595~6
팩스 | 322-4597
전자우편 | tobook@unitel.co.kr
홈페이지 | www.todaybook.co.kr
출판등록 | 1996년 5월 25일(제10-1293호)

ISBN 89-7718-260-3 03180

회사, 학교, 이웃, 가족……
다양한 인간관계에서 갖가지 어려움을 겪고 있는 당신에게
갈등의 근본 구조를 분석하면서 참된 배려가 무엇인지,
더 나은 인간관계를 맺음으로써
당신이 어떻게 더 크게 성장할 수 있는지 알려주는
삶의 소중한 지침서가 되고 싶습니다.

만나서 좋은 사람, 나쁜 사람

인간이란 불가사의한 존재라는 생각을 절실히 하게 된다. 인간의 심리를 연구하면 연구할수록 불가사의하게만 느껴진다.

대개 불행한 사람은 자신을 행복하게 해 줄 수 있는 사람이 곁에 있어도 그 사람을 피하는 습성이 있으며 불행하게 만드는 사람이 있으면 도리어 그 사람과 가까이 지내는 실수를 저지르곤 한다.

그런데 행복한 사람은 이런 실수를 범하지 않는다. 자신을 불행하게 할 것 같은 사람과는 아예 가까이 하지 않는 게 행복하게 사는 사람들의 심리적 공통점이다.

불행한 사람은 자신을 불행하게 만들 것 같은 생각에 집착하고, 자신을 불행하게 만들 것 같은 사람에게 매달리며, 자신을 불행하게 하는 데 에너지를 소모한다.

그러므로 불행한 사람은 평생 불행해질 수 있으며, 행복한 사람은 평생 행복하게 살아갈 경향이 짙다.

매사에 초조해하거나, 사소한 일에 신경을 쓰거나, 마음의 갈등으로 고통을 받는 사람에게 무엇보다 중요한 것은 '누구와 사귀느냐'는 것이다.

불행한 사람의 주위에도 그 사람의 불행을 행복으로 바꿔줄 만한 사람은 존재하게 마련이다. 다만 불행한 사람 스스로가 자신을 행복하게 해 줄 사람을 피하고 있을 뿐이다.

　불행한 사람은 자신을 더욱 고통스럽게 만드는 사람의 기대에 부응하기 위하여 필사적인 노력을 한다. 자신의 삶의 의미를 빼앗아 버릴 것 같은 사람의 기대에 부응하기 위하여 분발한다. 그러고는 자신을 행복하게 해 주는 사람의 사랑을 무시한다. 자신에게 상처를 주는 사람과 영합하고, 자신을 소중하게 여기는 사람을 공격한다.

　이 책에서는 '불행한 사람은 왜 자신을 더욱 불행에 빠뜨릴 것 같은 사람들을 굳이 선택하는 것일까' 하는 점을 알기 쉽게 설명하고, 그 해결책을 제시하여 좀 더 편안하고 안정된 심리에 기초한 자아실현의 방법들을 알려주고자 했다. 그리고 그를 바탕으로 생산적으로 에너지를 소모하기 위해서는 어떤 선택을 하면 좋을지 등을 생각해 보았다.

가토 다이조

방어적 배려와 인간심리

상대를 상처주지 않을까 싶어서 아무 말도 못하는 사람이 있다. 그런데 정작 본인은 그것을 배려라고 착각하고 있다. 제안을 거부하면 상대가 상처입지 않을까 하는 두려움에서 거절해야 하건만 하는 수 없이 받아들이면서 본인은 배려라고 자위한다. 하지만 참된 배려가 아니라 나를 싫어할까 두려워하는 자기집착에 지나지 않는다.

상대가 상처 입지 않도록 언제나 상냥한 얼굴을 하는 사람도 있다. 정말로 배려하는 마음에서 그러는 경우도 있지만 그저 상대의 호의를 기대하는 다정한 얼굴일 수도 있다. 이 역시 참된 배려라기보다는 자기보신을 위한 가면에 지나지 않는다. 이러한 배려들은 모두 방어적 배려일 뿐 진정한 배려는 아니다.

방어적 성격 때문에 배려하는 사람은 상대가 모든 의견을 말할 때까지 자기 의견은 말하지 않는다. 상대가 원하는 것을 알 때까지 자기의 바람을 털어놓지 않는 것이다. 참된 배려라기보다는 상대가 자기를 싫어할까 여전히 두려워하는 것일 뿐이다.

이런 두려움 때문에 사람들은 여러 가지를 참는다. 거절하고 싶지만 두려워서 거절도 못한다. 그렇게 참다보니 상대에 대해 점점 불만이 쌓인다. 한 번도 표현하지 못했기에 마음속은 불만 투성이지만 어쩔 수도 없으니까 입만 더 꼭 다물게 된다. 말하고 싶은 것은 태산인데 표현할 수가 없다. 그러니 불만스런 상대와 함께 있으면 저절로 가슴이 답답해지고 체할 것만 같다. 어쩐지 자꾸만 퉁명스러워지고 기분도 나빠지는 것이다. 따라서 상대가 자기를 좋아해줬으면 좋겠다는 마음속 바람을 가지고 있으면서도 결과적으로는 자기자신은 물론이고 상대까지도 불유쾌해지는 관계가 이어진다.

3장 직장에서 필요한 사고방식

1장

'누구'와 '어떻게' 사귀느냐에 따라 자신이 성장한다

왜 친밀한 인간관계를 맺을 수 없는가?

> 함께 있어 괴로운 사람은 이렇게 사귀어라

칭찬에 약한 사람의 정체는?

사람 중에는 함께 있으면 심리적으로 왠지 편안해지는 사람이 있다. 반대로 어떤 사람은 함께 있으면 이상하게도 더 잘 보이고 싶다는 생각에 긴장하게 되고 불안감을 주는 사람이 있다.

또 함께 있으면 나 자신을 맡겨버리고 싶은 사람이 있고 지나치게 자의식을 갖게 만드는 사람이 있다. 상대방이 나에 대해서 만족을 하면 나 역시 자연스럽게 마음이 편안해진다.

늘 정서가 불안한 사람은 마찬가지로 정서가 불안한 다른 사람과 절대로 동료가 되어서는 안 된다. 더불어 열등감이 있는 사람이 제일 먼저 피해야 하는 상대도 바로 열등감을 가진 사람이다.

또 사람 중에는 함께 있어도 자기 약점에 별로 신경을 쓰지 않아도 되는 사람이 있다. 반대로 함께 있으면 어쩐지 약점을 감추고 싶은 생각이 들게 하는 사람도 있다. 또 함께 있으면 경계심이 생기게 하는 사람이 있는가 하면, 그럴 필요가 없는 사람도 있다. 상대방에게 좋은 인상을 주려고 저도 모르게 애쓰는 경우가 있는가 하면, 자연스럽게 행동해도 되는 사람이 있다.

함께 있어 정신적으로 편안하다면 그 사람과는 반드시 가까이 하라. 그 사람은 올바른 가치관의 소유자임에 틀림없을 것이기 때문이다. 자아가 확립되지 않은 사람이 똑같은 사람과 사귀게 되면 아무리 많은 시간이 흘러도 자아는 확립되지 않을 것이다. 따라서 자아가 확립되지 않은 사람은 먼저 자아가 확립된 사람을 찾아야 한다는 결론이 나온다.

하지만 사람은 이상하게도 같은 부류에게 끌리게 된다. 그리고 자아가 확립되지 않은 사람은 타인의 칭찬에 특히 약하다. 이런 사람은 타인으로부터 추켜세우는 말을 들음으로써 심리적인 안정을 얻으려고 한다. 예를 들어 외모는 빼어나지만 자아가 확립되지 않은 사람은 주위 사람들로부터 '예쁘다'는 말을 듣고 싶어하기 때문에 예쁘다고 말해 주는 사람만 찾게 된다. 자신을 '예쁘다'고 칭찬해 주는 사람은 좋아하고 그렇지 않은 사람은 멀리한다. 이런 사람은 타인의 판단 기준이 자기를 '아름답다'고 칭찬해 주느냐 아니냐에 있다.

반대로 자아가 확립된 사람은 다른 사람의 칭찬에 별로 관심이 없다. 그렇기 때문에 타인을 볼 때 무엇보다 그의 인품에 주목한다. 그러나 남에게 잘 의존하고 남의 반응으로 자신을 이미지화하려는, 즉 자아가 제대로 형성되지 않은 사람은 칭찬에 지나치게 의존하기 때문에 상대의 인품을 제대로 보지 못한다.

자아가 확립된 사람은 굳이 타인을 칭찬하려고 하지 않는다. 칭찬이라는 행위에 별로 관심이 없기 때문에 상대방의 주의를 끌고자 하는 마음에 없는 칭찬도 몹시 서툴다. 요컨 대 자아가 확립된 사람은 자아가 확립되지 않은 사람에 비해 칭찬하거나 칭찬 받는 일에 그다지 관심이 없다.

그러나 자아가 확립되지 않는 사람은 자아가 확립된 사람에게 칭찬을 받았을 때 매우 기뻐한다. 하지만 이런 사람일 수록 타인의 작은 결점이라도 발견하면 매우 신랄하게 비판한다. 얼굴을 마주한 상황에서는 칭찬을 하지만 뒤에서는 타인의 결점을 찾아내 험담하면서 만족을 느낀다.

자아가 확립되지 않으면 친해지는 것을 겁낸다

자아가 확립된 사람은 타인의 장점을 찾아내는 데에 관심이 더 많다. 즉, 자아가 확립된 사람은 칭찬을 받는 것보다 상대방의 장점을 찾아내는 쪽에 관심을 둔다.

한편, 자아가 확립되지 않은 사람은 마음에도 없는 남의 아첨에 금방 넘어간다. 게다가 상대방에게 좋은 인상을 심어 주기 위해 긴장하고 노력한다. 그러면서 내면의 진실이 상대방에게 알려지는 것이 두려워 상대방과 가까워지지 못한다. 가까워지면 상대방의 존경을 잃을지도 모른다는 생각에 몹시 두려워하는 것이다. 존경이라고 표현했지만 정확하게는 아첨이라고 해야 할 것이다. 다만 본인은 그것을 아첨으로 여기지 않고 존경받고 있다고 생각한다.

자아가 확립되지 않은 사람과는 오래 교제를 해도 형식적인 관계 이상으로는 발전하지 못한다. ≪인간의 성격에 대한 심층접근≫이라는 저서로도 유명한 인본주의 심리학자 매슬로는 '좋은 그림은 가까이 할수록 호감을 갖게 된다'고 말했다. 그러나 이는 자아가 확립되지 않은 사람들에게는 있을수 없는 일이다. 이유는 상대방과 가까워지는 자체를 두려워하기 때문이다.

바꾸어 말하면 이런 사람은 자기와 친한 사람은 존경할 수 없기도 하다. 그래서 상대방과 가까워지는 것이 두려운 것이다. 그 사람에게 가장 중요한 것은 타인에게서 받는 과도한 칭찬뿐이기 때문이다.

자아가 확립되지 않은 사람들끼리는 마음에서 우러나오는 진정한 친밀감을 느끼는 관계는 맺기 어렵다. 여기에서 마음으로부터 친밀감을 느끼는 관계란, 서로 자신을 방어할 필요 없이 마음 편하고 자연스럽게 행동할 수 있는 관계를 말한다. 다시 말해서 자신의 결점이 상대방에게 알려지는 것을 두려워하지 않는 관계를 뜻한다.

'교언영색'이란 말이 있는데 그 뜻은 언변이 명쾌하고 표정이 풍부하다는 뜻으로, 아첨이라든가 비위를 맞추는 것으로 해석하는 것은 오역이다. 우리 삶에는 그렇게 오역을 할 정도로 사람들 사이에는 아첨을 하거나 상대방의 비위를 맞추는 일이 잦아졌다. 또한 아첨이나 남의 비위를 맞추는 일이 유효하다는 것은 그만큼 자아가 확립되지 않은 성인이 많다는 뜻이기도 하다.

그리고 그런 사람일수록 자신의 자아를 확립하는 데 필요한 사람보다는 장애가 되는 사람과 쉽게 친해지곤 한다.

그들은 정서적인 만족을 모르며 살아간다. 마음속으로는 자신이 비위를 맞추고 있는 사람에 대해 불타는 증오심을 갖기도 하며 말이다.

그런 사람은 사실 칭찬을 받고 싶은데 그럴 수 없기 때문에 불만만 안고 있다. 그러나 현실은 좀처럼 자기가 원하는 대로 대우를 해 주지 않기 때문에 불만을 품게 된다. 그리고 이런 것들이 주위 사람들에 대한 증오로 바뀌면서 그와 같은 요구가 마음 깊은 곳에 억눌려 있는 것이다.

그런 사람은 상대방에게 아첨을 하고 비위를 맞추지만 절대로 호감은 갖지 않는다. 비록 자신이 상대방에게 아첨은 하지만 생각대로 따라주지는 않으며, 그러다 상처가 되는 말이라도 듣게 되면 그 순간부터 상대방을 증오하게 된다. 마음 깊은 곳에 억눌려 있던 증오의 화살을 돌리는 것이다.

만약 자신이 아직 자아가 충분히 확립되지 않았다고 느껴진다면 먼저 정직한 사람과 사귀어 보고, 스스로가 열등감이 많은 사람이라고 생각된다면 곰곰이 되짚어 보라. 자신을 칭찬해 주는 사람과 함께 있을 때 편안함을 느꼈는지 어떤지 하고 말이다. 열등감이 많은 사람에게 가장 큰 적은 칭찬이기 때문이다.

상대를 모르면 좋은 관계를 맺을 수 없다

> 나를 갖고 노는 사람은 사귀지 마라

유아적 의존심이 강하면 속기 쉽다

유아적 의존심을 지닌 채 성인이 된 사람은 남에게 속아 넘어가기 쉽다. 그런 사람은 스스로는 깨닫지 못하지만 유아적 의존심에 영향을 받는다. 남의 시중과 도움을 받고 싶고, 여전히 주목받고 싶고, 남들이 늘 자신에게 변함없이 친절하길 바라고, 누구에게나 사랑받기를 원하고, 특별한 대우를 받고 싶고, 무슨 일이든 자신에게만 허용되기를 바라는 등 다양한 바람이 마음속 깊은 곳에 자리 잡고 있다.

이런 사람은 상대방에게 조금이라도 달콤한 말을 들으면 곧이곧대로 믿어버린다. 마음속에 있던 바람이 자신에게만 특별히 이루어지고 달콤한 일이 실현되었다고 느끼는 것이다. 이러한 사람은 아첨이나 달콤한 말에 빠져 실수를 하게 된다. 어떤 사람은 연애에서, 어떤 사람은 일에서……

직장 내에서의 인간관계나 지역사회의 인간관계도 마찬가지다. 혹은 혈연적인 인간관계도 마찬가지다. '이번 일이 잘 성사되면 자네에게는 특별 보너스를 주겠네', '내가 이룩한 것들을 모두 자네에게 양보하겠네', '네가 아니면 다른 여자는 필요 없어', '당신은 정말 내게 특별한 사람이야' 따위의 달콤한 말에 돈을 날리거나 몸을 허락하기도 한다.

객관적인 입장에서 보면 그렇게 뻔한 말에 어떻게 속아 넘어갈 수 있을까 이해하기 어렵지만, 그 점이 이런 부류의 사람에게서 흔히 볼 수 있는 가장 커다란 마음의 허점이다.

눈앞에 늘어뜨린 홍당무를 보고 달리는 것은 달리는 말에게도 허점이 있다는 뜻이다. 이 일을 하면 저것을 얻을 수 있다든지, 저 일을 하면 상대방은 내게 남들과는 다른 것을 해줄 것이라는 달콤한 기대를 하게 된다. 이런저런 기대를 갖게 하면서 일을 시키거나 금품 등으로 유혹하는 사람도 나쁘지만, 당하는 사람도 유아적 의존심을 어느 정도 극복할 수 있었다면 그런 비극적인 일은 일어나지 않았을 것이다. 속았다는 사실을 깨닫고 나중에 상대방을 살펴보면 어떻게 저런 인간의 말을 믿었을까 스스로 한심해하는 경우도 있다.

유아적 의존심이 강한 사람은 한 번 그런 일을 당하고 나면 다음에는 '그 누구도 믿지 않겠다'는 식의 단정적인 말을 한다. 하지만 세상에는 좋은 사람들도 많이 있다. 이런 사람은 좋은 사람들까지 포함하여 그 누구도 믿지 않겠다는 자세로 상대를 대하기 시작한다. 상대방을 제대로 파악하지 못한 것이 자신의 유아적 의존심 때문이라고는 결코 생각하지 못하는 것이다.

이런 점을 깨닫지 못하는 한 언제까지나 타인을 꿰뚫어보는 안목은 갖지 못할 것이다. 자신에게 유아적 의존심이 있다는 것을 자각하지 못하면, 다시 말해 자신을 제대로 보지 못하면 결코 타인도 제대로 볼 수가 없기 때문이다.

좋은 사람을 알아보는 포인트

어떤 사람과 사귀어야 좋을지 판단이 서지 않을 때 가장 중요한 것은, 그 사람이 자신을 얕보는지 어떤지를 먼저 따져 보는 것이다.

자신을 얕보는 사람과는 절대 사귀지 말아야 한다. 특히 신경증적인 사람은 누구와 사귀느냐가 결정적으로 중요한 역할을 한다. 사람을 잘못 사귀게 되면 아무리 노력해도 신경증적인 증상은 개선되지 않는다. 반면 매사에 진실한 사람과 사귀면 증상은 회복된다.

그러나 상대방이 자신을 얕보는지 아닌지를 가려내는 일은 매우 어렵다. 특히 신경증적인 사람은 그와 같은 능력이 결여돼 있다.

신경증적인 사람은 누군가 자신을 추켜세우면 금방 약해진다. 상대방이 자신을 얕보며 적당히 친절하게 대한다는 것을 알아차리지 못한다. 건강한 마음의 소유자는 상대방을 진심으로 소중히 여긴다면 듣기에 좋은 말만 하지는 않는다.

정신이 건전한 사람은 상대방의 마음을 조종하려 들지 않는다. 마음에 갈등이 있는 사람이 남의 마음을 조종하려 한다. 늘 불안감에 시달리거나 끊임없이 뭔가에 쫓기는 사람은 지금 자신에게 중요한 사람이 누구인지를 먼저 파악해야 한다.

사람을 불안하게 만드는 사람은 남을 결코 소중하게 여기지 않는다. 그런 사람에게 심리적으로 집착하는 한 성장을 할 수 없다. 그리고 그러한 사람에게 집착하게 되면 다른 사람을 제대로 평가할 수도 없다.

상대방을 소중히 여기는 사람은 상대가 평온하고 진솔한 모습이기를 바란다. 그러나 남을 얕보는 사람은 상대방이 성장하고 바뀌는 것을 원치 않으며, 누군가가 발전하고 변하는 것을 방해한다.

자신의 비위를 맞춰 주는 사람을 지나치게 신용하고 있는 건 아닌지, 혹은 자기실현을 할 수 없도록 방해하는 사람은 없는지 꼼꼼히 주위를 살펴보라. 그들은 무엇을 위해서 당신의 기분을 맞춰주고 있을까? 사실은 그들을 위해서가 아닐까? 이를테면 자기 집안의 평판을 위한 도구로 당신을 이용하고 있지는 않는가. 당신은 한번이라도 '당신이 무슨 일을 했는가' 라는 질문 대신 '당신은 어떤 사람인가' 라는 인격적인 대접을 받은 적이 있는가? 그저 그들에게 도움이 될 때만 소중히 대접받은 것은 아닌지 찬찬히 되돌아보라.

나를 농락하는 인간은 잘라버려라

그런 부담 때문에 당신의 마음은 이상해져버린 것이다. 그들은 추켜세우는 척하면서 결국은 자기들에게 봉사하도록 만들었다. 당신은 지금까지 그들에게 봉사할 수 있는 재능만 유독 높게 평가해왔다. 왜냐하면 그들이 그런 점을 칭찬해주었으니까. 그렇지만 그 밖의 당신에 대해서는 도대체 어떻게 평가했을까? 그들은 아마 당신의 다른 부분에 대해서는 아무런 관심도 없을 것이다. 그래서 당신 역시도 평가하지 않았던 것이고.

당신은 자기 내부의 '어떤 것'은 무시하고 '어떤 것'만 과대평가했다. 조롱당하고 추켜세워지면서 지극히 비정상적인 발육을 해온 것이다. 그들은 칭찬하는 척하면서도 자기들이 당신을 판단하는 위치에 있음을 절대 잊지 않는다. 따라서 당신은 칭찬을 받아도 어쩐지 마음 한구석에는 왠지 모를 불안과 적의를 품고 있었던 것은 아닐까?

　나를 농락하는 인간은 단호하게 거절하는 태도를 보여야 한다. 당신을 적당히 갖고 놀면서 쉼 없이 당신을 달아보는 인간들에게 왜 언제까지 휘둘리고 있는가!

좋은 '인적환경'을 고르면 내가 달라진다

> 마음이 불안한 사람은 피해라

진짜 상냥함과 위선적 상냥함은 이런 차이가 있다

인간의 무의식은 놀라울 정도로 정확할 때가 있다. 이유는 정확히 알 수 없지만 어떤 사람과 있을 때는 불안하고, 어떤 사람과 있으면 편안하다. 왠지는 모르지만 어떤 사람과 있으면 스트레스를 받고 어떤 사람과 있으면 마음이 편해지는 것을 느낄 때가 있다.

자신에게 스트레스를 주고 불안하게 만들고 긴장하게 하는 사람은 표면적으로는 상냥한 사람이기도 하다. 매우 관대하고 포용력이 있어 보이는 사람이기도 하다. 그리고 상대방의 모든 것을 받아줄 것처럼 말하기도 한다. 그러나 그것은

'형식적'이고 '표면적'일 뿐이다.

그런 사람은 자칫 방심하면 전혀 반대의 행동을 하기도 한다. 그런 상냥함이 바로 거짓 상냥함이다. 그런 사람은 때로는 신경질적이다. 아무도 안 보는 곳에서도 똑같이 상냥한가 하면 그렇지 않다. 남들이 보는 앞에서는 타인을 경멸하는 말이나 행동은 절대 하지 않지만 긴장이 풀어지면 그 언동에는 타인에 대한 멸시로 가득하다.

이런 경멸을 상대방은 감지해 낼 수 있다. 특히 정신적으로 연약한 사람은 그런 느낌을 감지하는 능력이 남달리 예민하다. 연약한 사람은 타인의 경멸을 두려워하기 때문에 도리어 민감한 것이다.

거짓 상냥함에는 어떤 요구 같은 것이 있다. 영어에서 말하는 디멘딩demanding이다. 아무리 상대방을 배려하는 것처럼 행동해도 그런 사람의 마음속에는 상대방에 대한 어떤 요구가 들어 있다. 자신의 상냥함에 대한 담보를 요구하거나 이렇게 해 달라, 이렇게 봐 달라, 이렇게 취급해 달라는 암묵적인 강요가 있다. 게다가 그것은 매우 유치한 소망에 기초를 둔다. 그런 요구를 연약한 사람은 민감하게 감지한다.

불안감이 없는 사람이 제일 좋다

열등감과 열등감이 서로 민감하게 반응하듯이 인간에게는 서로 다양하게 반응하는 감정이 있다. 열등감이 있는 사람은 열등감이 있는 사람과 만나면 자신의 열등감을 더 심하게 의식한다. 아무리 상대방에게 자신의 열등감을 감추려 해도 결국 상대방의 열등감마저 자극하고 만다.

거짓 상냥함도 마찬가지다. 상냥한 말을 하는 사람이 아무리 자신의 속마음을 감추어도 그것은 상대방의 또 다른 유치함을 자극하는 것이 될 것이다. 그러므로 유치한 어른의 상냥함은 유치한 상대방의 긴장을 풀어 주지 못한다. 물론 어린아이도 마찬가지일 것이다.

허영심이 강한 부모 밑에서 성장한 사람은 내면이 불안한 경우가 있다. 허영심이 강한 사람의 상냥함에는 지금까지 언급한 것처럼 거짓이 있기 때문이다. 그런 사람이 갑자기 실제의 자신으로 돌아가면 상대방에게 냉정함을 보인다.

진짜 상냥함이란 실제의 자신으로 돌아갔을 때나 긴장하고 있을 때나 똑같은 감정으로 상대방을 대하는 것이다.

마음속은 살풍경하면서도 남들 앞에서는 만면에 미소를 띄우며 과장된 상냥함을 보이며 행동하는 사람에게 호감을 갖는 사람은 역시 그 만큼 비정상적인 성향을 가지고 있다. 그러나 보통 사람은 그러한 사람과 함께 있으면 마음이 편치 않다.

성실하게 상대방의 시중을 들고 있지만 본심과는 전혀 달리 겉으로만 상대방을 추켜세우는 경우도 있다. 진심으로 성실하게 상대방의 시중을 들어 준다는 것은 시중을 드는 사람 자신이 성실하게 상대방을 보살펴 주고 있다는 사실에 만족하고 있다는 것이다. 그런 만족이 상대방의 마음을 어루만져 주는 것이다.

성실하게 상대방의 시중을 들어 주어야 하는 쪽에서 마음

속에 불만을 갖고 있으면 시중을 받는 쪽의 기분 역시 만족스럽지 못하다.

이런 상황은 마치 어머니의 기분이 차분할 때 아이의 마음도 차분해지는 것과 같다. 어머니의 정서가 불안정한 상태에서 아이를 돌보면 아이의 마음도 불안해진다.

마음속에 불안이 없는 사람으로부터 진심에서 우러나오는 시중을 받으면 누구나 만족스러워 한다.

내면이 불안하다고 생각하는 사람은 불안한 마음을 갖고 있는 사람과는 멀리해야 한다. 자신의 내면의 불안이 상대방의 불안에 의해 더욱 자극되기 때문이다.

남녀관계에서도 자신의 내면이 불안하다고 생각하는 사람은 연인의 조건으로 가장 먼저 불안감이 없는 상대를 택해야 한다. 상대방이 미인이든 아니든 그런 건 아무래도 상관없다. 미인이지만 불안한 마음을 갖고 있는 사람을 연인으로 택하면 그 사람의 인생은 비참해진다. 만약 그렇게 되면 성적 능력을 포함해 남성으로서의 여러 가지 능력을 발휘할 수 없게 된다. 그리고 남성다워져야 된다는 강박관념만 심해질 뿐, 남성다움은 전혀 발휘할 수 없는 남성이 되어버린다. 상대방이 뛰어난 능력의 여성이든 우수한 학생이든 그런 것은 아무래도 상관없다. 비즈니스에서나 여타의 인간관계에서는 학업 성적이 뛰어난 것과 내면의 불안의 유무와는 전혀 관계가 없다. 상대방이 단지 부잣집 딸이라는 이유만으로 상대방에게 끌리게 되면 불행한 인생을 보내게 될 것이다.

이러한 이유 때문에 불안한 마음을 갖고 있는 남자는 불안한 마음이 없는 여자를 연인으로 택하는 것이 바람직하다. 함께 있으면 마음이 편안한 그런 여자라면 어떤 여자보다도 소중히 여길 가치가 있다.

자신의 가능성을 넓힐 인적환경을 선택하라

불안을 많이 느끼는 남자일수록 인생은 마음먹은 대로 되지 않는다고 생각한다. 이런 사람은 자기도 모르게 매사에 불리한 쪽을 택하는 경향이 있다. 즉 그 반대 상황인 미인이

나 능력 있는 직장 여성, 혹은 부자 쪽을 택하는 경향이 바로 그것이다. 이런 남자는 자신을 위하여 연인을 선택하기보다는 남들에게 과시하게 위하여 그와 같은 조건의 연인을 선택하는 것이다. 자신의 불안을 일시적으로 덜기 위해서는 그런 조건의 연인을 선택하는 것이 본인이나 남들에게 훨씬 유리하다고 생각한다.

불안감을 갖고 있는 사람은 자신의 삶의 방식도, 그리고 자신과 관계되는 사람을 선택하는 방법도 그런 이유로 착각하며 결정한다. 이런 사람과 함께 하면 불안감도 없고 인간으로서의 가능성도 발휘할 수 있어 더 행복할 수 있을 것이라고 생각하지만 불안에 기초한 선택은 더 큰 불행을 부를 뿐이다. 어른이 갖고 있는 유아적 의존심은 본능적으로 또다른 유아적 의존심을 배척하지만 사실 표면적으로는 서로 끌리는 경우가 많다.

불안감을 갖고 있는 사람은 자신의 유아적 의존심을 해소하는 것만으로 안심할 수는 없다. 유아적 의존심이 어느 정도 타인에게 받아들여지느냐에 따라 해소되는 것이다. 더구나 유아적 의타심을 받아주는 쪽은 정서적으로 성숙한 사람뿐이다.

유아적 의존심이 있다고 해서 그것만으로 인간으로서 자질이 없다고 말할 수는 없다. 이런 사람은 의지와 상관없이 유아적 의존심을 소멸시킬 수 없는 환경에 있었던 것뿐이다. 어쩌면 그런 사람은 인간으로서의 자질은 대단한 사람일지도 모른다.

이성이라는 말은 이런 때 사용해야 하는 것인지도 모른다. 자신의 삶의 방식과 환경을 선택하고 자신의 가능성을 발전시킬 만한 이성을 선택할 수도 있다.

불안한 마음을 갖고 있는 사람은 더욱더 자신을 불안하게 만들 가능성이 있는 상대방을 선택하는 경향이 있다.

불안감을 갖고 있는 사람은 타인에게 과시하기 위하여 사람을 선택한다. 그들은 남들에게 시시하게 보이는 것을 두려워한다. 그래서 결국 실패하는 것이다.

어쩐지 만나기 싫을 때 주의할 점

> 내가 신경질적이면 같은 성향과는 거리를 두라

신경증적인 타입이 보이는 2가지 모순된 측면

신경증적인 증상으로부터 벗어나려고 할 때 '왠지 만나고 싶지 않은' 사람이 생기기도 한다. 하지만 딱히 만남을 거절할 분명한 이유가 없기 때문에 자꾸 만나게 된다. 그리고 지금까지 만나왔으며 거절할 이유도 없기 때문에 계속 만나게 된다. 그러나 이럴 때 '왠지 모르게'라는 느낌을 중시해야 한다.

지금까지 신경증적이었다면 주위에 신경증적인 사람이 있었을 가능성이 크다. 따라서 신경증에서 회복될 때 '왠지 모르게 만나고 싶지 않다'고 느껴지는 상대는 바로 신경증적인 사람이다.

신경증적인 사람끼리 맺어진다는 것은 어떤 의미에서는 피해자와 가해자의 관계처럼 될 수가 있다. 그 점이 겉으로 드러나는 경우에는 분명하지만 정신적일 때에는 분명하지가 않다. 그들은 서로 피해자와 가해자의 관계를 의식하지 않는다.

신경증적인 사람은 언제까지나 유아적 의존심에서 벗어나지 못한다. 그리고 자신이 타인으로부터 특별한 보살핌을 받아야 한다고 생각한다. 그러면서도 신경증적인 사람의 또 다른 면은 그와는 반대의 생각을 갖고 있다. 자신은 모든 사람에게 친절해야 하고 동시에 모든 사람을 사랑해야 한다는, 이른바 '~하지 않으면 안 된다는 폭군'의 복종자와 같은 모습이다.

이 '~하지 않으면 안 된다는 폭군'의 복종자가 또 다른 신경증적인 사람과 만나면 어떻게 될까?

자신은 특별히 보살핌을 받을 자격이 있다는 관점에서 접근하며 타인에 대한 자신의 요구를 정당하게 생각한다. 여러 가지 골치 아픈 문제들을 타인이 해결해 주어야 한다고 생각한다. 자신의 내적 갈등에서 오는 요구들은 모두 채워져야 한다고 생각한다. 다시 말해 모든 것은 자신의 바람대로 되어야 하는 것이다.

이런 두 사람이 사귀게 되면 어떻게 되겠는가. 신경증이 있는 모순된 두 사랑이 이런 식으로 만나게 되면 가해자와 피해자의 관계가 될 수밖에 없다.

그래서 피해자의 입장에 있는 신경증적인 사람이 회복기에 들어서면 왠지 모르게 상대방을 만나고 싶지 않은 마음이 생기는 것이다. 상대방으로부터 왠지 친절한 분위기를 요구받게 되고 심리적 구속감을 갖게 된다. 그리고 친절한 행동을 하게 된다. 이렇게 되면 지배 당하고 있다는 불쾌감을 회복기의 사람은 의식하게 된다.

신경증으로부터 완전히 회복되지 않은 이상 타인의 요구에 마음이 약해진다. 상대방의 요구를 들어 주어야만 한다는

'의식'이 그 사람 안에 그대로 남아 있다. 그래서 상대방을 만나면 이런저런 요구에 굴복하게 되고 불쾌해진다. 상대방의 요구를 들어 주어야 한다는 '의식'이 남아있는 이상, 그것이 지나친 요구이든 이치에 닿지 않는 요구이든 모두 들어 주어야 한다는 기분이 된다.

만나고 싶지도 않은데 왜 만나게 될까

요구와 바람의 차이에 대해서 미국의 여성 정신분석학자 호루네이는 《노이로제와 인간의 성장Neurosis and Human Growth》에 이렇게 적고 있다.

누구나 바쁠 때는 열차가 빨리 왔으면 한다. 그것은 일종의 바람이다. 그러나 열차가 빨리 오지 않는다고 화를 낸다면, 열차가 자기 형편에 맞춰서 움직여야 한다는 요구가 된다.

신경증적인 사람이 갖고있는 것은 바람이 아니라 요구이다. 그러므로 원하는 대로 이루어지지 않으면 불만이 생긴다.

한쪽의 신경증자가 회복기에 있는 신경증자에게 이렇게

해주었으면 하고 바라는 것이 아니라 자신에게는 특별히 친절해야 한다는 생각으로 요구를 하는 것이다.

이러한 요구에 상대방은 심리적으로 구속 당한다. 이성적으로는 상대방의 그런 요구를 이상하다고 생각하면서도 굴복하게 된다. 동시에 불쾌감이 남는다. 그리고 친절하게 대해주지 않으면 이번에는 죄책감을 갖게 된다.

'왠지 상대방을 만나고 싶지 않을 때'는 이 점에 대해서 생각해 볼 필요가 있다. 상대방이 만나자고 했을 때 꼭 만나야 할 필요는 없다. 거절해도 죄책감을 가질 필요도 없다. 만나고 싶지 않은데 만나는 것은 내면에서 상대방과의 관계를 원하고 있기 때문인지도 모른다. 이것 역시 죄책감 때문일 것이다.

회복기에는 분명한 이유에서 만나고 싶지 않은 사람보다는 오히려 '왠지 만나고 싶지 않다'고 느끼는 사람을 만나서는 안 된다. 그런 사람을 만나는 것은 신경증으로부터의 회복을 더디게 할 뿐이다. 감기가 나아갈 즈음 차가운 바깥 바람을 쐬면 다시 증상이 악화되어 버리는 것과 마찬가지다. 감기를 악화시키는 것 같은 행동을 해야 할 이유는 하나도 없다.

타인이 자신에게 봉사해야 한다고 생각하는 신경증자와, 자신은 타인에게 봉사해야 한다고 생각하는 신경증자끼리의 결합도 있다. 그러면서 양쪽 모두 불쾌한 감정에 시달린다.

신경증에서 이 두 가지 측면의 이해는 매우 중요하다. 한쪽은 타인에게 지배 당하고 맹종하는 것을 당연하다고 생각하고, 다른 한쪽은 자신은 남들로부터 소중하게 여겨져야 할 자격이 있다고 생각한다.

한쪽은 자기가 타인을 사랑해야만 하고 완전해야 한다고 생각하고, 또 다른 한쪽은 자신은 결코 비난 받아서는 안 되며 자신을 비난하는 것은 부당하며 자신은 특별한 사람이라고 생각한다.

자신에게 중요한 일은 모두 이뤄져야만 한다고 생각하는 신경증자와 접촉해도 아무 문제가 없는 사람은 자아가 확립된 사람이다.

타인을 바보 취급하는 사람과, 자신 같은 사람은 타인에게 바보 취급을 당해도 어쩔 수 없다고 생각하는 사람이 있다. 자신을 칭찬해 주지 않는 사람을 바보로 여기는 사람과, 자신은 상대방에게 그 정도밖에 해 줄 수 없기 때문에 경멸을 당해도 어쩔 수 없다고 생각하는 사람도 있다. 양쪽 모두 신경증적 사람이라고 해도 무방하다.

신경증이라고 하면 자신과는 상관없는 일이라고 생각하는 사람이 있을지도 모른다. 그러나 여기에서 말하는 신경증은 매우 광범위한 뜻을 갖고 있다.

자주 초조해하는 사람, 자기 중심으로 세상이 움직이지 않으면 불만을 품는 사람, 육체적으로는 어른이 됐으면서도 어른의 책임을 다하지 못하는 사람, 요컨대 응석받이를 말한다. 응석받이 인간은 불만이 많은 인간이기도 하다. 응석받이 인간은 매사에 금방 토라지거나 오해를 하는 경우가 많다. 여기에서 신경증이라고 하는 것은 이와 같은 사람들을 아우르는 말이다.

　현대 사회에는 신경증이면서도 본인은 아니라고 생각하는
사람이 너무도 많다.

인간관계의 가해자나 피해자가 되어 있지는 않은가?

> 정의를 부르짖는 사람의 정체를 알라

불안감은 표현의 방법은 달라도 본질은 같다

호루네이는 앞에서 말한 ≪노이로제와 인간의 성장≫이라는 책에서 신경증적 사람은 'a square deal'을 매우 불공평하다고 생각하며 분개한다고 적고 있다. 'a square deal'이란 '공평한 취급'을 뜻한다.

그런 사람은 타인을 착취하고 고통을 주면서, 타인은 자신을 위하여 정성을 다해야만 공평하다고 생각하고 자신을 위해 정성을 다하지 않으면 상대방을 위협해서라도 정성을 다하게 해야 한다고 말한다. 타인에게 헌신하지 않으면 살아갈 수 없는 사람과 타인의 헌신을 받지 않으면 불공평하다고 분개하는 사람은 양쪽 모두 마음이 온전치 않기 때문이다.

사디즘과 마조히즘은 증상은 달라도 그 본질 속에는 모두 무력감이라는 공통점을 갖고 있다. 마찬가지로 타인에게 헌신하지 않으면 견딜 수 없는 사람과 타인이 자신에게 헌신하지 않으면 견딜 수 없는 사람은 정반대인 것 같지만 본질은 같다. 그 공통점은 바로 마음의 불안이다.

자신이 하는 모든 일에 자신감이 없는 사람과 자신이 하는 일은 누구나 찬성해야 한다고 생각하는 사람이 있다. 이런 모습은 한 사람 속에서 나타나는 경우도 흔하다.

밖에서는 성격이 좋은데 가정에서는 성격이 나쁜 사람이 그 대표적인 예이다. 어째서 저렇게 남에게 기가 죽어서 영합하고 있을까 생각할 정도로 벌벌 떠는 사람이 있다. 하지만 그런 사람은 가정에서는 자기 식구들에게 전제적 폭군처럼 행동한다. 밖에서는 남들에게 마치 노예처럼 행동하면서 집에만 오면 식구들에게는 지배자처럼 행동하는 것이다.

자신이 원하는 것은 모두 소유해야 한다고 믿는 사람이 있다. 이런 사람은 자신이 지닐 수 없는 것은 더없이 부당하다고 여긴다.

타인은 자신을 이해해 주어야 마땅하며 자신은 이해 받을 자격이 있다고 생각하는 사람도 있다. 이런 사람은 자신을 이해해 주지 않는 사람에게는 분노를 느낀다. 그런 반면 타인을 이해하지 못하면 죄의식을 갖는 사람도 있다.

자신은 성공할 자격이 있다고 생각하는 사람이 있다. 그런 사람은 자신이 성공하지 못한 이유가 누군가의 잘못 때문이라고 생각한다. 반대로 자신의 성공에 대해 자책감을 갖는 사람도 있다.

이와 더불어 자신에게 불리한 일은 모두 불공평하다고 생각하는 사람이 있다. 자신은 항상 예외인 것이다. 반대로 자신이 남들과 똑같은 취급을 받지 못할까봐 두려워하는 사람도 있다.

자신이 초대를 한 사람은 누구라도 그 초대에 기꺼이 응해야 한다고 생각하는 사람이 있다. 아무리 중요한 용무가 있더라도, 만사를 제쳐놓고 오는 것이 당연하다고 생각하는 사람이다.

반대로 자신이 초대를 하면 상대방에게 폐가 될까봐 두려워서 초대 자체를 못하는 사람이 있다. 학교나 회사가 끝나고 귀가 길에 동료에게 '잠깐 커피라도 한 잔 하자' 라든가 '잠깐 술이나 한잔 하고 가자' 는 말도 못하는 사람이 있다. 이유는 상대방에게 폐를 끼칠까봐 두려워서이다.

자신의 몸이 아플 경우, 주위 사람은 어떤 일이 있어도 자신을 돌봐 주어야 된다고 생각하는 사람이 있다. 자신이 필요한 것은 모든 것에 우선해야 한다고 생각하는 사람이다. 반대로 몸이 아파도 타인에게 폐를 끼치지 않으려고 내색하지 않는 사람도 있다.

충족되지 않은 애정욕구에서 정의는 생겨난다!?

나는 지금까지 인간관계를 가해자와 피해자로 설명해 왔다. 나는 ≪자기애 인간≫이라는 책에 다음과 같이 기술한 적이 있다.

'요시코와 히로코의 경우처럼 자기애 퍼스널리티의 소유자와 그 과대誇大 자기를 충족시키는 부속품 같은 역할을 완수한 인물이 공생적으로 맺어지는 인간관계는 흔히 볼 수 있다.'

여기에서 말하는 부속품은 내가 지금까지 기술한 피해자에 해당된다. 그리고 피해자라고 부르든 부속품이라고 부르든 상관없지만 중요한 것은 그들이 상대방에게 서로 끌린다는 점이다. 다시 말해서 자기애 인간에게 이런 부속품은 살아가는 데 반드시 필요한 존재이다. 이와 같은 자기애 인간을 나는 단순히 신경증자라고 불렀으나, 호칭 이상으로 중요한 것은 그들이 부속품에 탐욕스러울 정도로 매달리고 있다는 것이다.

그들은 탐욕스러울 정도로 상대방에게 유치한 애정욕구를 갖는다. 아침에 어린아이가 눈을 뜨고 바쁜 엄마에게 '엄마 내 곁에 있어 줘' 하는 듯한 유치한 애정욕구를 그들은 상대방에게 갖고 있는 것이다.

그 애정욕구의 탐욕스러움은 대상 의존성을 나타내고 있다. 대상 의존성이라고 해도 좋고 자신과 대상과의 구별이 감정적으로 되어 있지 않다고 봐도 무방하다.

앞의 책에서 요시코는 히로코를 어떻게 생각하느냐 하는 점에 대해서 다음과 같이 기술하고 있다.

'(요시코는) 누군가에게 화를 내면 함께 화를 내주고 상처를 받으면 위로를 해주는 식으로, 어떤 경우에도 상대방이 자기 편이 되어주고 자신을 위하여 뭐든지 해주어야 한다고 굳게 믿고 있다. 히로코에게 자신이 좋아하는 영화를 함께 보자고 하면 당연히 히로코도 그 영화가 맘에 들어 함께 즐길 것이라고 굳게 믿고 있다.'

만일 이 정도라면 그다지 문제는 심각하지 않다. 심각한 것은 그렇게 굳게 믿고 있으면서 동시에 그렇게 요구할 때이다. 단순히 굳게 믿는 정도라면 상대방이 자신과는 다른 하나의 인격의 소유자이며, 자신과는 다른 좋고 싫은 감정을 갖고 있다는 것을 알고 난 후 충격은 받지만 비난하지는 않는다.

그런데 상대방이 자신과 함께 화를 낼 것을 요구하고 또한 상대방은 마땅히 화를 내야 한다고 생각하는 사람이 문제이다. 아마도 그런 사람은 충족되지 않은 애정욕구를 마음 깊은 곳에 갖고 있기 때문일 것이다.

상대방의 언동 하나하나가 자신의 생각과 똑같지 않으면 화를 낸다. 요컨대 상대방의 언동 하나하나가 자신의 마음 깊은 곳에 충족되지 않은 애정욕구에 적합하지 않으면 화를 내는 것이다.

흔히 마음에 들지 않는 사람과 식사할 때는 젓가락질조차도 마음에 안 든다는 말을 한다. 그것은 상대방의 젓가락질조차도 자신의 충족되지 않은 애정욕구에 적합한 것이기를 요구하고 있는 것이다. 어린아이가 식탁에 차려놓은 음식을 보고 사소한 진열 하나에도 화를 내면서 '안 먹을 거야' 하고 떼를 쓸 때가 있는데 그것도 엄마에 대한 애정 결핍 때문에 투정을 부리는 것이다.

　이와 같은 일이 어른들의 인간관계 속에도 있다. 다만 어른은 네 살짜리 아이처럼 말하지는 않는다. 그래서 정의라는 수단을 들고 나온다. 그리고 '우정이 없다' 든가 '냉정한 인간' 이라든가 '이기주의다' 등의 다양한 표현을 빌린다. 인간으로서 지켜야 할 기본도리를 들먹이며 상대방을 다그치기도 한다. 그러나 그것은 자신의 마음 깊은 곳에 있는 충족되지 않은 애정욕구에서 나오는 것이다.

정의의 인간이 상대를 엉망으로 만드는 과정과 구조

　'정의' 를 내세우는 사람은 상대방을 망가뜨린다. 그런 사람의 내면에는 충족되지 않은 애정욕구와 내면에서 나오는 상대방에 대한 지나친 요구가 있다. 상대방이 그 요구에 응하지 않으면 인간으로서 갖추어야 할 도리를 들먹이며 온갖 수단을 동원해 자신의 요구에 따르도록 한다.

　이럴 때 보통사람이라면 상대방이 아무리 그럴듯한 말을

해도 그것이 거짓말이라는 것을 느끼고 상대방의 요구를 거부하거나 교제를 하지 않는다. 그런 사람은 '아아, 이 사람은 내면의 충족되지 않은 애정욕구 때문에 모든 것에 집착하면서 스스로 만족시키려고 하는구나' 하고 굳이 말을 하지 않아도 그 말이 거짓이라는 걸 알고 그 사람으로부터 멀어진다.

그러나 마음이 여린 사람은 그것이 거짓말이라는 걸 알면서도 인간으로서 응당 지켜야 할 자세라고 짐작하며 그만 복종하고 만다. 그렇기 때문에 내면에 충족되지 않은 애정욕구가 있는 사람은 마음이 약한 사람에게 자신의 단짝이 되어 줄 것을 요구한다. 결국 신경증자끼리의 공생관계가 성립된다. 이런 관계의 사람들은 겉으로 보기에는 아주 잘 어울리는 이상적인 관계처럼 보이지만 실은 병적인 관계에 불과하다.

이렇게 충족되지 않은 애정욕구에서 비롯된 일체화 소망을 갖고 있는 사람은 자신의 자식에게서 그것을 이루려고 하는 경우가 있다. 일종의 대리만족인데, 이런 경우 아이의 마음은 당연히 병들어 간다. 이런 사람에게 아이는 더없이 좋은 먹이가 된다.

이런 사람은 사회에서 정상적인 대인관계를 맺을 수 없다. 그렇기 때문에 그 일체화 소망을 배우자에게로 방향을 돌린다. 그리고 배우자에게서 실패하면 마지막으로 가장 확실한 대상인 자식에게 일체화 소망을 돌리는 것이다.

이런 부모는 자기가 아이를 위하여 모든 것을 희생하고 있다고 생각한다. 하지만 아이의 마음은 병들어 갈 뿐이다. 이것이 바로 과보호이다.

자녀를 보호하는 것은 나쁜 일이 아니다. 문제는 그 동기에 있다. 충족되지 않은 애정욕구에서 유래된 일체화 소망을 자식을 통해 충족시키려고 하기 때문에 자식을 보호할 수 없다고 말하는 것이다. 본인은 자식이 귀여워서 그런 행동을 하는 것이라고 생각하겠지만 그것은 단지 아이를 질식시키는 행동일 뿐이다. 안타까운 것은 정작 본인은 자신의 진짜 동기를 전혀 깨닫지 못한다는 점이다.

이런 부모와 자식의 관계는 흔히 있는 일이지만 성인끼리의 관계에서도 비슷한 경우가 있다. 바로 앞에서 기술한 신경증자끼리의 관계이다. 그런 관계에서 왠지 만나고 싶지 않은 것은, 본인은 그 이유를 말로 표현할 수 없다 해도 감정적으로는 이미 자신도 이해하고 있는 것이다. 요컨대 상대와 함께 있으면 자기의 참 모습을 드러낼 수 없기 때문이다.

이런 사람은 자신의 충족되지 않은 애정욕구에서 나오는 요구의 실현을 인간의 당연한 도리라고 생각하며 상대방에게 끈질기게 요구하고 상대방을 탐욕스럽게 물고 늘어진다. 보통사람에게는 너무도 소름끼치는 일이지만 말이다. 따라서 이런 사람은 멀리하지 않는 한 영원한 대가를 치를 수밖에 없다.

자신에게 정직해지면 자립할 수 있다

> 자기주장을 강요하는 사람의 억압을 끊어라

상대에게 맞추고만 있으면 자율성이 사라진다

누군가가 어떤 의견을 강요하며 따르게 만들면 그 사람과는 헤어져야 한다. 바로 그 사람이 자신을 억압하고 있기 때문이다. 그 사람과 헤어져서 그 사람과는 전혀 상관없는 생활을 해야 한다.

그런 사람이 회사 동료 중에도 있을 수 있다. 그런 사람이 그렇게 행동하는 이유는 그의 개인적인 생활 범위에서 누군가 또 다른 제3의 억압자가 그를 억압하고 있으며, 그 사람에 대한 감정을 그는 회사 동료에게 전가하고 있는 것이다.

이유의 근원은 어린 시절에 있다. 어린 시절부터 '만나고 싶지 않지만 만나지 않으면 왠지 잘못하는 것 같은 기분이 들어 만나는' 그런 사람이 있다면 당장 관계를 끊어야 한다.

이유 따위는 몰라도 상관없다. '왠지 만나고 싶지 않다'는 감정이 이 경우에는 좋은 이유가 된다. 있는 그대로의 자신을 인정해 주지 않는 사람은 '왠지 만나고 싶지 않은' 사람이다. 그런 사람은 자신에게 '너는 이런 인간이다' 라는 이미지를 갖게 한다. 그러나 진짜는 그런 인간이 아니다. 하지만 그 사람과 만나면 진짜의 자신을 배반하고 그가 갖고 있는 자신의 이미지에 자신을 맞춰 버린다. 이럴 때 사람은 이유도 없이 불쾌해지는 것이다.

자신에 대한 이미지를 억지로 강요하는 사람은 만날 필요가 없다. 그런 사람과 함께 있다 보면 언제까지나 정서적으로 미숙한 상태에 머물고 만다.

상대방은 나의 어린 시절을 알고 있다. 예를 들면 상대방은 자신을 말괄량이라고 생각하고 있다. 그러나 자신은 사실 그렇게 말괄량이는 아니다. 그런데도 그 사람과 만나면 말괄량이처럼 행동한다. 그럴 때 견딜 수 없는 불쾌감을 느끼는 것이다.

그렇기 때문에 '불만스럽지만 어쩔 수 없이 상대방의 말을 듣게 된다' 는 사람과는 헤어져야 한다. 정말 정신적으로 자율성을 갖게 되면 그때는 그런 사람들과 만나도 상대방이 갖고 있는 자신에 대한 이미지를 배반하고 행동할 수 있다. 그러나 의존심이 극복되지 않은 상태에서는 그렇게 할 수가 없다.

상대의 경직된 견해는 실제 자신과는 다르다

'이유는 분명치 않지만 만나고 싶지 않은' 사람과는 만날 필요가 없다고 말했다. 그 이유를 분명히 하기 위해서 ≪광기와 가족≫에 나오는 필드 가에 대하여 조금 언급하고자 한다.

필드 가에서 준은 정신 분열증에 걸렸으며 기묘한 망상에 빠져 있다. 그리고 병원을 찾았을 때는 식사를 거부하고 있는 상태였다. 문제는 바로 준의 엄마였다.

엄마는 자신의 딸인 준이 분열증으로 입원했는데도 여전히 딸에 대한 자신의 생각을 바꾸지 않았다.

'그 아이는 아주 행복하고 명랑하며, 애정이 충만하다'고 말하는 것이다.

엄마는 자기 딸 준이 행복하면서도 동시에 불행하고 고통스러울 정도로 비참했다든지 명랑하면서도 동시에 조용한 성격일지도 모른다는 생각을 해 본 적이 없었다고 한다. 엄마는 자신의 딸이 행복했을 것이라고만 생각했다. 그리고 이렇게 딸이 입원까지 했는데도 엄마는 여전히 자기 딸에 대해서 잘못 알고 있다는 것은 생각하지 못한다.

'딸은 명랑했지만 어쩌면 그 명랑함은 쓸쓸한 마음의 또 다른 면이었을지도 모른다. 그러고 보니 그 아이의 명랑함에는 어딘가 부자연스러운 데가 있었다'고는 전혀 생각하지 않는다.

엄마는 '한 인간에 대해 보통 이상의 경직된 견해를 보이고' 있었다.

즉 본인이 그렇지 않다고 말해도 엄마는 들으려하지 않았다. 아무리 엄마의 생각에 이의를 제기해도 '그건 내 딸 준이 아니에요. 나는 저 상태의 준이 도무지 이해가 되지 않아요. 그 아이는 언제나 행복한 아이였어요. 그 아이는 언제나 아주 명랑한 아이였어요' 라고 말할 뿐이다.

부모님의 생각에 이의를 제기했을 때 '너는 지금 아프기 때문에 그런 거야' 라든지 '너무 지쳐 있기 때문이야' 라는 식으로 말하면서 결코 아이의 감정을 정면에서 생각해 보려고도 하지 않는 부모가 있다. 그 아이가 냉정하다는 말이라도 듣게 되면 '아니요, 그 아이는 착한 아이에요. 지금은 지쳐 있어서 그럴 뿐이에요' 라고 말하며, 아이에 대한 생각 자체를 결코 바꾸지 않는다. 이 경우에는 물론 '착하다' 는 뜻이 부모에게 순종적이며 성숙하지 않았다는 뜻이며, 반대로 '냉정하다' 는 것은 자립을 했다는 것을 의미한다.

아무튼 세상에는 이처럼 부모 자식 관계뿐만 아니라, 일반적으로 상대방에 대한 자신의 일방적인 생각을 고집하는 사

람이 있다. 그럴 때 우리는 그런 사람과 만나고 싶지 않게 된
다. '이유는 명확하지 않지만 만나고 싶지 않다'고 말할 때
는 대개 이와 같은 분명한 이유가 있다. 이는 당사자가 그 이
유를 깨닫지 못할 때에 한한 얘기이다.

상대방의 마음에 들기 위해 실제의 자신을 거짓으로 꾸미
거나 상대방에게 새겨진 자신과 동일하게 행동해야 할 때 불
쾌한 관계는 지속된다.

시점을 바꾸면 인간관계도 크게 달라진다

상대방이 추켜세워 주는 바람에 실제의 자신을 속이고 상
대방의 뜻에 따라 그렇게 행동을 했든, 아니면 미움을 받는
것이 두려워 그렇게 행동을 했든, 상대방의 뜻에 영합해 행
동했다면 이는 자신을 속이는 것이다. 상대방은 상대방대로
'그 사람은 내가 하는 말이라면 뭐든지 다 듣는다'든지 '그
사람은 내 앞에서는 늘 고분고분하다'는 식으로 말하면서
이쪽을 놀잇감으로 여길 것이다. 서로의 열등감 때문에 그런

식으로 대할 필요가 있는 것이다. 이 서로 간의 비뚤어진 정서가 만나면서 불쾌한 관계가 시작되고 유지된다. 부모가 아이를 보는 시각도 마찬가지다. 아이를 그런 시선으로 보면서 부모는 자존심을 높이려고 한다.

앞에서 예로 든 필드 가에 대해서 다시 한 번 자세히 살펴보기로 하자.

준과 헤어지기 전과 헤어진 후에 준에 대한 엄마의 생각은 처음과 다르게 바뀌었다. 전에는 '사랑스런 소녀'라고 말했는데 나중에는 '오싹하게 느껴질 듯한 표정'으로 바뀌었다. 또 '더없이 행복한 소녀'가 '불행한 소녀'로, '명랑했던 소녀'가 '적극성이 없는 소녀'로 바뀌었다. 그리고 '언제나 순종적이었던 소녀'가 '야만적이며 방자한 소녀'로 바뀌었다.

지금까지 어떤 일이 있어도 생각을 바꾸지 않았던 사람도 타인과의 관계가 깨지면 생각이 바뀐다. 인간관계에서도 상대방을 훌륭하다고 말한 사람일지라도, 만약 그의 목소리가 커지고 전과는 다른 방식으로 행동하면 그 관계는 깨지기 마런이다.

'딱히 어떤 이유가 있는 것은 아닌데 왠지 만나고 싶지 않다', '아주 좋은 사람이라고 생각했는데 만나고 난 후에는 견딜 수 없이 불쾌감이 든다' 라는 말을 하는 사람은 대개 이런 사람이다.

상대방은 성공한 사람이고 자신은 실패한 사람이다. 실패한 사람은 성공한 사람을 만나고 싶지 않을 것이다. 그 이유는 열등감 때문인데, 이런 예는 얼마든지 있다. 또한 상대방이 걸핏하면 하는 충고도 만나고 싶지 않은 분명한 이유가 된다. 귀찮기 때문이다.

자신의 험담을 하는 사람도 만나고 싶지 않다. 뚜렷하게 만남을 거절할 이유가 없는 사람과 '왠지 만나고 싶지 않은' 때가 가장 큰 문제이다. 그 사람과 만나게 되면 또 다시 자신을 속여야 하기 때문이다.

그렇게 되면 언제까지고 자신을 나약하게 여기게 되고 불쾌한 감정에서 벗어날 수가 없다.

2장

안심할 수 있으면 더 좋은 인간관계가 가능하다

자신의 가치를 믿어라

> 내면의 불안을 직시하라

타인의 거부를 두려워하지 않는다

우울증의 병전성격(病前性格 Premorbid Personality ; 정신병을 앓게 되면 성격의 변화가 생기게 된다. 그래서 정신의학에서는 환자가 우울증을 갖기 전의 성격을 조사하게 된다.)의 특징이라면 우선 꼼꼼함과 질서를 잘 지키는 것이다. 양심적으로 일을 잘 하고, 정리정돈을 좋아하고, 지나칠 만큼 성실하다. 게다가 시간관념도 철저하다. 바로 이런 사람이 우울증에 걸리는 경우가 많다.

여러 학자들이 이 병전성격에 대해 다양한 의견을 내놓고 있는데 문제는 어째서 이와 같은 성격이 형성되느냐 하는 점이다.

그것은 우울증에 걸리기 전의 환자가 불안감을 갖고 있기 때문이다. 내면의 불안감에서 오는 방어수단으로 생긴 것이 소위 병전성격이다. 이와 같은 병전성격은 불안으로 인하여 파국을 맞게 되는 것을 스스로 지키고 있는 것일 수도 있다.

우울증의 병전성격자는 발병 이전에는 종종 과잉적응過剩適應을 한다. 이 장기간에 걸친 과잉적응 역시 내면의 불안으로부터 도망치려는 결과로 인하여 생긴 것이다. 이 과잉적응이 병전성격자를 간신히 파국적 상황으로부터 지켜 주고 있다.

내면의 불안으로부터 도망치려는 그 노력의 결과가 과도한 양심과 소심함, 소극성, 보수성이 되어 나타나는 것이다.

우울증의 병전성격자가 갖고 있는 불안이란 자신의 가치가 위협받고 있다는 데서 오는 불안이다. 자신의 가치를 병전성격자는 믿지 못한다. 타인에게 거부 당하게 되면 자신의 가치는 바로 없어진 것처럼 생각하고 만다. 내면의 불안이 표출되는 것은 바로 이때다. 그렇기 때문에 타인으로부터 거부당하는 것을 매우 두려워하는 것이다. 그리고 항상 타인은 자신의 가치를 위협하는 존재인 것이다.

타인에게 극찬을 받고 인정받고 싶은 소망 때문에 타인으로부터 그런 것들을 저지당하면 불안감을 감추지 못한다. 누구나 불안은 피하고 싶은 것이다.

불안과 고독은 인간에게 있어서 근원적이면서 가장 고통스럽고 불쾌한 것이다. 이 불쾌한 상황을 피하려고 하는 것은 인간에게는 본능이다. 다만 병전성격자는 그런 것들에 과민 반응을 보이며 타인이 자신을 거부하는 상황을 피하려고 한다.

특히 자신에게 비중 있는 사람의 거부는 본인의 심리적 안정에 치명적이다. 즉 그런 사람과 함께 있으면 불안해지고 긴장하게 된다.

그래서 병전성격자의 대인관계 자세는 다른 사람과의 관계를 원만하게 하기 위하여 지나친 배려가 담겨 있다. 타인과의 원만한 관계야말로 본인의 안전에 절대적으로 필요한 것이라고 생각하기 때문이다. 대립이라든가 대결은 본인의 안전을 방해한다고 여긴다. 또 자신에게 중요한 사람과의 대립은 본인을 불안에 빠뜨린다. 그러므로 대립을 피하고 안전을 유지하려고 한다.

자신의 가치를 믿고 있다면 타인의 거부를 그다지 두려워하지 않는다. 타인의 평가에 따라서 자신의 가치가 위협받는 일이 없다면 불안해질 이유도 없다.

자신의 가치를 믿느냐 마느냐는 유아기의 대인관계에서 이미 결정된다. 특히 유아기에는 부모와의 관계가 중요하다. 아이에게 있어서 부모는 정서적 안정의 원천이다.

유아기로부터 유년 시절을 거쳐 사춘기 시절까지 안심하고 살아온 사람은 자기 평가가 높다. 그러나 어떻게 하면 부모를 기쁘게 해 줄까 하는 것에만 신경을 쓰고 살아온 사람은 자기가치에 대한 평가가 낮다. 특히 우울증 환자처럼 부모의 허영심을 만족시키는 도구로 살아온 사람은 자기가치 평가가 더욱 낮다. 부모의 허영심을 만족시킬 만한 말을 했을 때는 칭찬을 받지만 부모의 허영심에 상처를 입히는 언동을 했을 때는 호되게 비난을 받는다. 그런 사람은 자신의 존재 자체가 상대방에게 받아들여지는 것이 아니라 타인의 소망에 도움이 되었을 때에만 자신이라는 존재가 받아들여진다는 생각을 갖게 된다. 자기 평가가 낮으면 자기의 존재 가치도 떨어지는 것이다.

자기가치 평가가 낮은 것은 어린아이의 경우만은 아니다. 아이가 자라서 어른이 되고 그리고 결혼을 하고 부모가 된다. 그리고 자식을 부양할 능력이 없으면 자기는 부모가 아니라고 생각한다. 돈을 많이 벌어서 아이에게 좋은 환경을 만들어 주지 못하면 아이에게 존경받지 못한다고 생각한다. 아이가 원하는 것들을 충족시켜 주지 못하면 아이에게 환영받지 못한다고 생각한다.

일본의 아버지들은 돈을 벌지 못하면 아버지가 아니지만 중국의 아버지는 돈을 벌든 못 벌든 아버지라는 글을 읽은 적이 있다. 일본의 아버지는 자기 평가가 낮지만 중국의 아

버지는 자기평가가 높다는 말이다. 자기 존재의 무력감에 시
달리는 일본의 아버지에게 있어서 자녀 교육은 만만한 일이
아니다.

다시 한 번 부모와의 관계를 정리해 보자

자기가치 평가가 낮은 부모와 그 자녀의 관계에 대해서 좀
더 생각해 보기로 하자. 부모는 자신의 허영심을 만족시켜
주는 자식은 인정하고 그렇지 않은 자식은 거부한다. 하지만
자식은 부모가 받아들여 주지 않으면 살아갈 수가 없다. 아
이는 부모에게 전적으로 의존하고 있다. 아이는 부모에게 거
부당하지 않는 한 자율성을 획득해 간다. 그러나 개성의 진
전, 자기표현, 자율성의 획득 같은 것들이 부모의 자신에 대
한 호의의 상실로 이어질 때는 아이는 그러한 것들을 단념
한다.

부모에게 의존하고 있다는 것은 그런 것일지도 모른다. 의
존하고 있기 때문에 그런 것들을 체념하지만 동시에 부모에

대한 적의를 품게 될 것이다. 호의를 필요로 하는 상대에게 적의를 품는다. 의존과 적의라는 갈등 속에 신경증적 불안은 스며든다.

신경증적 불안은 항상 내면적 갈등을 포함하고 있다. 불안을 느낀다는 것은 거기에 해결해야만 할 과제가 있다는 뜻이다. 그런데 이런 불안에서 도망치려고 함으로써 나타나는 것이 우울증 환자의 병전성격이다. 불안의 원인인 갈등을 해결하려는 것이 아니라 불안으로부터 도망치려고 하는 자세가 병전성격자의 삶의 태도이다.

스스로 자율성을 희생하면서 부모의 호의를 얻는다. 하지만 그 결과 부모에게는 적의를 품게 된다. 그리고 그 적의는 위험한 감정이기 때문에 자신의 마음 깊숙한 곳에 억압되어 있다. 그러므로 결과적으로 불안해진다. 살아간다는 것은 하나도 무서운 것이 아닌데도 왠지 무섭게 느껴진다. 자율성을 희생양으로 삼았다는 것은 곧 남과의 커뮤니케이션 능력을 희생으로 삼았다는 뜻도 될 수 있다. 자신의 개성을 희생양으로 삼았던 사람은 타인의 개성도 알아볼 수가 없다.

결과적으로 병전성격자의 대인관계는 몰개성적이 되고 만다. 상대방이 아무리 팔방미인일지라도 그 개성을 인정하지 못한다. 병전성격자는 상대방의 개성을 무시한 채 획일적 대인관계만 유지할 뿐이다. 병전성격자는 사회적 지위가 같으면 A든 B든 모두 같다고 느낀다. 상대방이 누구냐보다는 무엇이냐가 문제가 된다.

유머가 있고 배려심이 있고 열정적으로 일을 하는 과장이든, 소심하고 냉정한 과장이든 병전성격자에게는 업무를 떠나서는 모두 똑같이 비친다. 그것은 무엇보다도 그저 과장이라는 직책만을 중요하게 여기기 때문이다. 그에게 타인과의 교류는 역할의 확인에 불과하기 때문이다.

내가 즐거우면 상대방도 즐거운 인간관계의 원칙

그런 점에서 우울증에 걸린 병전성격자의 삶은 가난한 삶이라고밖에 할 수 없다. 현실적인 직업적 상하관계를 내면에 깊이 채워 놓고 있으면서도 '돈과 명예'를 즐길 수가 없다. '돈과 명예가 아니면 다 소용없다'고 결론짓고 살아가는 것도 아니면서 세속적 가치 이외의 존재들을 생각할 수 없다. 요컨대 사는 데 즐거움이 없는 것이다.

지나치게 규범의식이 강하면서도 기름살이 오른 배금주의자에 대하여 '나는 저런 인간은 싫다'고 말하면서도 교제를 거부하는 것은 아니다. 그는 배금주의자와도 사귀고 조용히 살아가는 기품 있는 신앙인과도 사귄다. 그에게는 그들이 그저 똑같은 인간으로 비칠 뿐이다. 이 두 부류의 차이는 사회적 지위가 있고 없다는 것뿐이다. '이 사람과는 만나고 저 사람과는 만나지 않는' 것이 아니다. 상대방과의 교제를 진정으로 즐기게 되면 상대방 역시 내게 호감을 가질지 모르는데도 말이다.

어떤 사람과는 함께 여행을 하고, 어떤 사람과는 식사를 하고, 어떤 사람과는 술을 마시고, 어떤 사람과는 음악을 들으면서, 그리고 그런 일들을 시간이 가는 것도 잊은 채 내 쪽에서 즐기면 상대방 역시 나와의 교제를 즐기는 것이다. 내가 어떤 사람과 술을 마시면서 마음으로부터 만족하면 상대방 역시 만족한다. 상대방을 기쁘게 하려고 하지 않아도 상대방은 기뻐한다. 상대방에게 호감을 사도록 노력하지 않아도 상대방은 내 쪽에 호감을 갖는다.

만일 우울증에 걸린 병전성격자가 어떤 사람과 식사를 하면서 너무도 즐거운 듯한 태도를 보였다면 상대방으로부터 뜻밖의 반응이 있을 것이다. 예를 들면 '당신은 좋은 시간을 선물해 주었습니다' 는 식의 반응 말이다.

병전성격자는 오로지 상대방의 호감을 사기 위해 호의만을 원하며 봉사를 결심한다. 상대방의 마음에 들고 싶어하고 좋은 평가를 원하며 뭔가를 끊임없이 주려고 한다. 그러나 상대방은 그 병전성격자와의 교제를 마음으로부터 즐기며 '정말 좋은 사람' 이라고 느끼지는 않을 것이다.

교제를 하면서 내 기분이 편안하면 상대도 편안한 것이다. 상대방과 있을 때 내가 편안하고 고양된 시간을 가지면 상대

역시 편안하고 고양된 시간을 갖는다. 내가 너무도 즐거워서 마치 꿈속 같은 시간을 보내고 있는데 상대방 역시 '좋은 시간을 선물 받았다'고 생각한다면 가장 이상적인 패턴이라 할 수 있을 것이다.

단, 이때 한 가지 조건은 상대방을 인격과 개성으로 인정해야 한다는 것이다. 상대방의 삶의 자세가 자신에게 매력적이어야 한다. 상대방의 세속적인 지위가 아닌 상대방의 솔직한 삶의 자세에 끌려야 한다. 상대방의 재산이 아닌 상대방의 느낌에 끌려야 하는 것이다.

상대방의 삶의 자세에 매력을 느끼고 존경심을 갖게 된다면 그저 마음껏 즐기면 되는 것이다. 그때 상대방도 내 쪽에 호의를 갖게 된다.

그러나 병전성격자는 아주 중요한 상대에 대해서 이런 감정을 갖지 못한다.

정상적인 사람이라면 상대의 개성에 끌려 함께 시간을 보내다 보면 거북한 감정 따위는 전혀 느끼지 않는다. 하지만 병전성격자는 상대방의 삶의 자세에 호의를 갖고 있지 않기 때문에 거북함을 느낀다.

병전성격자는 상대의 개성에 끌려서 대인적으로 어떤 태도를 취하는 것이 아니라 자신의 내면의 불안을 피하려는 노력의 결과로 태도를 취한다. 그래서 결과적으로 상대방의 호의를 얻을 수 없는 원인을 낳고 만다.

진정한 사랑을 알면 안도감이 생긴다

> 무가치하다는 자기 생각에서 탈출하라

왜 자신을 높이 평가할 수 없는가?

자기가치 상실이란 상대방의 소망을 채워주지 못하면 버림받을 것이라는 불안감을 말한다.

상대방의 기대를 채워 주면 스스로가 소중하다고 생각하지만 그렇지 않게 되면 자신은 상대에게 귀찮은 존재가 될 것이라고 느끼고 있으면 이런 것을 자기가치 상실의 상태에 있다고 할 수 있다.

출세한 사람과 재산이 많은 사람 중에도 이와 같은 자기가치 상실감에 시달리는 사람이 많이 있다. 이는 일종의 불안감이다. 그리고 자기가치 상실감에 겁을 내는 사람은 그 상실감을 더욱 조장하는 사람과 사귀는 경향이 있다.

이기주의자는 상대방이 무언가를 해 주면 기뻐한다. 무언가를 얻느냐에 따라 손익을 따지는 사람은 어떤 것을 얻었을 때 기뻐한다. 그리고 그와 같은 감정은 일시적으로 자기가치 상실감에서 자신을 구해주고 일시적으로 불안에서 해방된다.

그러나 결과적으로 이런 사람은 자기가치 상실감이 더욱 강화될 뿐이다. 이런 사람은 상대방에게 무언가 이익을 주지 않는 한, 상대방이 자신과 기꺼이 어울려 주지 않으리란 생각을 하게 된다.

기존에 갖고 있는 타인과의 사이의 '안전 패턴'을 되풀이하면서 보다 깊이 그 패턴을 습득하고 유지한다. 자신이 진정으로 즐거워하는 것이 상대방에게 멋진 선물이 될 수 있을 것이라고는 꿈에도 생각하지 못한다.

예를 들어 어린 시절 바닷가에서 놀고 있을 때 부모가 자신을 바라보고 있다고 하자. 그때 아이는 부모가 자기를 보고 있는 것을 어떻게 느끼느냐 하는 것이 아이의 자기 평가를 결정짓게 된다. 아이가 모래장난을 하고 있는 것을 부모가 보는 것을 즐거워한다. 그렇게 느끼는 아이는 자기 평가가 높아진 것이다. '부모님은 내가 노는 것을 보는 것만으로도 즐거운 거야' 하고 생각하는 아이에게 모래장난은 즐겁다. '부모님이 함께 놀아주면 더욱 즐겁겠지만 그러나 그냥 보고 있어 주는 것만으로도 즐거운 것이다'

이렇게 생각하는 아이 역시 자기 평가가 높아진 것이다. '부모님은 왜 저렇게 하고 있을까. 그건 그렇게 하는 것이 즐겁기 때문일 거야' 매사 그렇게 긍정적으로 생각하는 아이는 자기평가가 높아진다.

만일 이런 경우 생색을 내는 부모였다면 어땠을까? 완전히 반대의 결과가 되었을 것이다. 아이는 부모와 함께 뭔가를 하는 것이 즐겁지 않다고 느끼게 된다. 그것이 생색을 내는 부모를 갖고 있는 아이의 경우이다. 당연히 아이의 자기평가는 낮아진다.

이런 식으로 성장한 아이는 어른이 되어서도 자기가치 상실감으로 고통받게 될 것이다. 그리고 자신이 뭔가를 해주지 않으면 사람들은 자신과 어울리려고 하지 않는다고 생각하게 된다.

남성의 성 불능은 자기 평가가 낮은 데서 오는 현상 중의 하나다. 남성은 여성에게 즐거움을 선사하지 못하면 의미가 없다고 생각한다. 만일 다른 남성이 자신보다 더 큰 즐거움을 선사하게 되면 여성은 그에게 가버리고 자신은 버림을 받을지도 모른다고 생각한다. 그러므로 버림받지 않으려면 더욱 큰 즐거움을 안겨 주어야만 한다고 생각한다.

이런 남성은 여성과 있으면 늘 불안해진다. 자기가치 상실감으로 고생하는 우울증 환자와 병전성격자에게 가장 큰 불안은 누군가로부터 버림을 받는다는 것이다. 남의 인정이나 칭찬 없이는 존재할 수 없는 사람에게 있어서 버림받는다는 건 커다란 위협이다. 버림받을지도 모른다는 생각을 하는 남성은 극도로 불안해진다.

인간의 능력은 안도감으로 꽃이 핀다

불안만큼 인간의 모든 능력을 위축시키는 것은 없다. 반대로 안도감은 인간의 능력을 개화 시킨다. 인간의 능력 자체가 문제가 되는 것보다 그 사람이 불안해하는지 안심하고 있는지 그것이 문제이다. 잠재적으로 아무리 큰 능력을 갖고 있어도 본인이 불안을 느끼면 그 능력을 제대로 발휘할 수 없다.

어떤 프로 골퍼는 마음속으로 '시합 때는 내가 제일 잘 친다'고 생각한다고 한다. 아마도 그렇게 생각하면서 마음속의 불안을 쫓아내려고 했을 것이다. 특히 신경증적인 불안은 인간의 능력을 크게 저해한다. 상대 여성에게 즐거움을 주거나 그 여성에게 자신은 의미가 있다고 느끼는 남성은 자기 평가가 높다. 그것은 역으로 말하면 그렇게 느껴지기만 한다면 자기 평가는 올라간다는 뜻이다.

사랑이라는 것은 불안이 없는 상태를 말한다. 우울증 환자와 병전성격자는 남을 사랑한 적도 남에게 사랑을 받은 적도 없다. 아니 어쩌면 성장해서는 남으로부터 사랑을 받은 적이 있을지도 모른다. 그러나 그에게는 애정을 느끼는 능력이 없다.

한 여성이 그를 사랑했다고 하자. 그녀는 그에게 아무것도 요구하지 않는다. 그가 즐거움을 주지 않아도 그녀에게는 의미 있는 존재이다. 그가 경제력이 없어도 그녀는 좋다. 그러면 그녀는 왜 그가 좋은 것일까? 그냥 좋으니까 좋은 것이다. 그녀에게 있어서 '왜'라는 질문 자체는 무의미하다.

그러나 그는 그녀에게 즐거움을 주지 못하거나 경제력이 없으면 버림을 받을 것이라고 생각한다. 사실이 아닌데도 그는 그렇게 생각한다. 그도 그녀가 좋다. 그러나 그는 그녀와 함께 있을 때면 늘 버림받을지도 모른다는 불안감에 휩싸인다. 그녀가 그에게 아무 것도 요구하지 않는데도 그는 요구당하고 있다고 느낀다. 그리고 그 요구를 들어 주지 않으면 버림받을지도 모른다며 불안해한다.

사랑을 느끼는 능력이 없다는 것은 사랑하는 능력이 없다는 뜻이기도 하다. 자신은 남을 그처럼 사랑할 수가 없기 때문에 남이 자신을 그처럼 사랑해 준다고 생각할 수 없는 것이다.

그 스스로가 항상 남에게 경제적 이익이나 명예, 쾌락 같은 것을 원하고 있는 것이다. 그렇기 때문에 남도 자신에게 그런 것들을 요구하고 있다고 느끼게 되는 것이다. 그 스스로가 남과의 교제 자체를 즐기지 않기 때문에 타인이 남과의 교제를 즐긴다는 것을 상상할 수 없는 것이다.

사랑이 불안이 없는 상태라는 뜻은 '왜'라는 질문에 의미가 없다는 뜻이기도 하다. 사랑의 세계는 '왜'라는 질문이 있는 세계보다 더욱 근본적인 세계이다.

'나는 당신을 사랑하기 때문에 사랑한다.' 이 말은 사람을 사랑하는 데는 이유 같은 건 필요 없다는 뜻이다.

인간이 인간으로서 존립할 수 있느냐 없느냐 하는 근본적인 부분에 있는 것이 사랑이다. 사랑은 사람을 사람답게 만드는 것이다. 사랑이란 체험하는 것일뿐, 그 내용이나 형식은 필요 없다.

자기평가가 낮다는 것은 사랑의 체험이 없다는 것을 말한다. 우울증의 병전성격자가 만일 사랑을 체험하게 되면 내면의 불안은 해소되고 그 성격도 크게 변할 것이다. 그때야말로 비로소 자기의 참다운 성격이 되는 것이다. 그때까지의 성격은 내면의 불안을 피하려고 하는 노력의 결과로 생긴 것이며, 그 사람의 본질이 표현된 것은 아니다. 그것은 어디까지나 내면의 불안에 대한 방어인 것이다.

합리, 비합리를 초월한 사랑의 세계를 체험하라

병전성격자들의 꼼꼼함에는 적극적인 의욕을 뒷받침할 만한 것이 없다. 이들에게는 약속 시간에 맞추어 가려고 하는 것이 아니라, 약속 시간에 늦으면 안 된다는 강박관념이 있다. 그들은 기일까지 일을 완성하려고 하는 것이 아니라 완성하지 못하면 큰일이라고 생각하는 것이다. 그 일이 기일에서 늦어지면 안 되니까 기일까지 완성시키려는 것이지, 적극적으로 그 날까지 완성시키려고 하는 자세는 아니다. 결국 모든 사람들에게 나쁘게 인식되는 것을 피하기 위해서 나온 생각일 뿐이다.

그런 사람들이 사랑을 체험하면 불안이 사라지고 적극적인 의욕도 생기며 자발적이 사람이 된다. 지금까지는 불안 때문에 혼자 행동한 적은 있어도 스스로 그렇게 하고 싶다는 자발적인 의욕에서 행동한 적은 없었을 것이다.

인간은 사랑으로부터 출발한다. 사랑하기 때문에 사랑한 다고 말하는 것이 바로 사랑이다. 이런 표현은 본질론에서 말하면 무의미하다. 그렇게 되면 '나는 나다' 라는 표현도 무의미하다. 하지만 그와 같은 이유 이전의 세계에 우리는 살고 있기 때문에 '나는 나다' 로 느끼는 것이다. 그것이 다름 아닌 자아의 동일성이다.

사랑이란 바로 비합리도 합리도 아닌 무합리며 아주 소박한 것이다.

자기를 존중하는 사람일수록 상대도 존경한다

> 친구를 고르는 원칙

부하직원의 자신감을 상실시키는 상사 유형

훌륭한 여성 정신요법가 프롬-라이히만의 논문에 〈정신요법가에게 필요한 인간적 직업적 조건에 대한 고찰〉이라는 것이 있다.

이 논문은 정신과의사와 환자의 관계에 대해서 쓴 것이다. 즉 어떤 정신과의사가 환자에게 부적합한지에 대해서 쓴 논문으로, 의사와 환자와의 관계보다 부모와 자식, 친구 등 넓은 범위의 대인관계에 참고가 될 것으로 생각된다.

이 논문을 바탕으로 우리는 자기평가가 낮을 때 어떤 사람과 사귀는 것이 좋은지에 대해서 생각해 보기로 하자.

'심리적으로 안정되지 않은 정신과의사는 환자에게 자신의 위신을 세우고 싶어 환자의 욕구나 문제를 귀담아 들으려는 것이 아니라 오히려 환자에게 좋은 인상을 주기 위해서 노력하는 위험을 갖고 있다'고 라이히만은 말한다.

이 말은 부모와 자식, 친구, 연인, 더 나아가 회사 같은 조직 사회에서도 그대로 적용된다.

심리적으로 불안정한 상사는 부하직원에게 자기는 유능한 상사라는 인상을 심어 주려는 데만 급급하여 부하직원이 지금 무슨 일로 고민을 하고 있는지에 대해서는 전혀 관심이 없다. 그리고 동시에 그런 상사는 부하직원에게 자신의 불안감을 감추고 점잖을 뺀다. 자신감이 상실된 부하직원은 상사의 그런 태도로 인해 결국은 불안해진다.

라이히만은 환자에게 좋은 인상만을 주려고 노력하는 정신과의사에게 환자는 조언을 구하러 올 필요가 없다고 말한다. 이것은 상사에게도 적용되는 말이다.

뭔가 고민이 있어 상사에게 상담을 하러 온 부하직원은 조언을 구하고 있는 것이다. 그런데 상사는 그 자리에서 자신을 훌륭하게 보이기 위해서만 노력함으로써 부하직원을 더욱더 자신감 상실에 빠뜨린다.

또한 라이히만은 정신과의사가 자신의 불안정한 감정을 억누르기 위하여 환자로 하여금 의존심을 키우게 만드는 의사의 상담 태도를 금하고 있다. 이 논리는 부모와 자식에게도 적용된다. 얼마나 많은 부모들이 아이의 의존심을 키우는 것에 동조하고 있는가. 그리고 이런 행동을 아이에 대한 사랑으로 착각하고 있다. 아이를 자신의 마음에 들도록 키우고 난 부모는 그것을 기뻐한다. 그리고 아이가 자신을 극진하게 생각하도록 키운다.

내 경우도 아버지를 위해 컸던 것 같은 부분이 있다. 그리고 그 때문에 나의 성장은 늦어지고, 미성숙한 정서를 소유한 어른이 되었다. 이런 아버지와의 갈등을 풀기 전까지는 타인과의 관계에서도 여러 가지 문제를 안고 있었다. 말하자면 부모와의 사이에 해결되지 않은 문제가 있으면 그것은 타인과의 관계로 전이되어 버리고 결국은 타인과의 관계도 원만하지 못하다.

부모에게 인정받고 싶다는 마음과 부모로부터 독립하여 스스로의 판단으로 살아가고 싶다는 두 가지 소망을 갖게 만든다. 이와 같은 부모와의 관계가 정서적 갈등으로 발전하고 결국은 타인과의 관계에도 장애 요소로 작용한다.

자신을 높게 평가하는 사람을 친구로 사귀어라

라이히만은 정신과의사가 환자를 치료하는 데 있어서 환자를 치료의 대상이라기보다 의사의 평판을 높이는 수단으로 생각하는 경향이 있다고 말한다.

이 부분도 부모와 자식에 대해서 그대로 적용된다. 세상의 부모들 중에는 자신의 위신과 평판을 높이기 위하여 자식을 이용하는 경우가 있다.

남의 평가에 신경쓰지 않는 부모 밑에서 자란 아이는 행복하다. 반대로 자신의 평판을 높이는 것에만 전념을 기울이는 부모 밑에서 자란 아이는 부모가 자기를 위해서 아무리 많은 것들을 해 주어도 정서적인 장애를 갖게 된다. 이는 자기 아이를 사회적으로 출세시키는 것으로 세상에 대하여 복수하려는 부모들이다. 자신의 좋은 인상을 타인에게 심어주기 위한 목적으로 아이를 키운다면 아이에게 정열을 아무리 쏟아부어도 그 아이의 마음은 비뚤어질 뿐이다.

내 앞으로는 매일같이 다양한 고민이 담긴 편지가 날아온다. 대부분이 정서적 장애를 갖고 있는 사람들에게서 온 것이다. 그중에는 부모가 자식을 키우기 위해서 얼마 만큼 노력을 기울였는지에 대해서 쓴 편지도 있다. 그런데 그 노력의 방향은 유감스럽게도 자식의 성장을 위해서가 아니라 자신이 의존하는 방향으로 몰아 넣고 있다. 그 노력들은 단지 부모의 위신을 세우기 위한 노력일 뿐이다.

그런 부모는 자신의 심리적 부담을 아이를 통해서 안정감으로 바꾸는 일에 몰두하고 있는 것에 불과하다. 한편 철없는 아이는 그런 부모를 극진히 생각한다. 편지를 읽으면서 매우 유감스럽게 여겨지는 게 많다. 그런 부모는 상대방에게서 안정감을 얻으려고 하기 때문에 아이로부터 그 어떤 말을 들어도 그 말에는 귀기울일 수가 없다.

라이히만은 환자로부터 안정감을 얻는 일에 몰두하지 않는 정신과의사야말로 환자의 말을 귀담아 들을 수 있다고 말한다.

자신이 신경증적이고 자기평가가 낮다고 생각하는 사람은 자신과는 반대인, 자기평가가 높은 사람을 친구로 갖는 것이 좋다. 그런 친구야말로 자기가 고민을 얘기했을 때 가족같은 입장에서 들어 줄 수 있기 때문이다.

자기평가가 낮은 사람은 상대의 말을 자기 자신의 문제에 비추어 반응한다. 연인 문제로 친구와 의논을 했다고 하자. 그리고 그 상대 여성은 부잣집 딸이라고 하자. 그런데 만일 친구가 자신의 가난에 대해 열등감을 갖고 있다면 그 친구는 그런 여성과는 헤어지라고 충고할 것이다.

부모에게 직업 선택에 대하여 의논을 했다고 하자. 예를 들어, 다니던 회사를 그만두려고 했다고 하자. 그럴 때 만일 부모가 그 회사를 좋게 생각하고 있다면 다른 회사를 깎아 내릴지도 모른다.

자기평가가 높고 심리적으로 안정되어 있는 사람만이 어떠한 문제에 대해 거리를 두고 상대방의 말을 들을 수 있다. 그러므로 자신이 정서적으로 미성숙하다고 생각되는 사람은 심리적으로 안정감이 있는 사람을 대화의 상대로 삼아야 한다. 심리적으로 안정된 사람만이 상대방을 소중하게 여길 수 있다. 자신이 정서적으로 미성숙하다는 것은 지금까지 자신의 성장을 소중하게 여겨주는 사람과 사귀지 않았다는 것을 의미하기도 한다.

라이히만은 정신과의사가 자기를 존경하는 것은 치료 측면에서도 중요하다고 말한다. 그것은 자기를 존경하는 의사만이 환자를 존경하고 서로 평등한 인간이라는 기초에 설 수 있기 때문이다. 그것은 정신과의사의 치료를 받을 정도로 심각한 정서 장애는 아니지만 대인관계가 원만하지 않은 사람에게는 중요한 문제이다. 대인관계가 원만하지 않은 사람에게 친구 선택을 하는 데 있어서의 원칙을 제시하기 때문이다.

안이하게 생각하면 인간관계가 어려워진다

> 좌절을 피하지 않으면 강해진다

동성애? 싸우면서 친해진다?

자신에 대한 존경이 결여된 신경과민의 사람을 친구로 사귀게 되면 결국 인간관계는 망가진다. 그런데 아이러니하게도 정서적으로 불안정한 사람일수록 그런 사람과 맺어지기가 쉽다.

라이히만은 정신과의사는 치료를 할수록 진전을 보이고 그에 따라 자기평가와 위신을 높여주는 환자를 좋아할지도 모른다고 말한다. 이는 안정감이 결여된 부모와 자식간의 관계나 안정감이 결여된 상사와 부하직원과의 관계에도 적용된다.

부모의 마음에 들었거나, 상사의 마음에 들었다며 기뻐하는 사람들이 많다. 형제 중에서 자신이 가장 부모의 마음에 들고, 상사가 자신을 가장 신임한다고 느끼면 대부분의 사람들은 기분이 좋아진다. 그러나 그런 상사나 혹은 부모가 자신을 진실로 마음에 들어하는 것인지, 진실로 자신의 인격이 존중되고 있는 것인지에 대해서는 매우 의심스럽다.

심리적으로 불안정한 아이나 불안정한 부하직원일수록 상대방의 마음에 들면 기뻐한다. 우울증 증상이 있는 사람의 경우에는 남의 마음에 드는 일이 생명과도 연관이 될 수 있다. 이렇게 되면 상대방을 위해서라면 목숨까지 바치려고 할지도 모른다. 그러나 안정감이 없는 정신과의사와 마찬가지로 안정감이 없는 상사나 부모는 그를 통해 자신의 위신이 높아지기 때문에 자신을 마음에 들어하는 것에 불과하다. 다시 말해 그들이 중요하게 생각하는 것은 상대방의 인격이 아니라 그들 자신의 위신일 뿐이다.

정서적인 문제가 있기 때문에 지나치게 저자세인 부하직

원과 위신에 집착하고 있는 상사가 때로는 이상하게 느껴질 만큼 손발이 잘 맞을 때가 있다. 그러나 그것은 모두 상대방의 인격에 관심이 있는 것이 아니라 자신의 심리적 갈등에 마음을 빼앗기고 있을 뿐이다. 따라서 이런 사람들은 일단 사이가 틀어지면 서로를 헐뜯거나 원망한다.

이는 친구나 연인에 대해서도 마찬가지다. 이런 사람들은 서로 자신의 불안에 따라서 상대방을 대하기 때문에 매우 사이가 좋을 때에도 서로 원망을 할 때에도 서로 상대방의 인격을 문제 삼지는 않는다.

좌절로 강해지는 사람과 소극적 달팽이형 인간의 차이

정서적인 장애가 있는 사람은 아무래도 바람직하지 못한 인간관계를 맺기 쉽다. 다시 말해 그런 사람은 자신의 의존성을 소중하게 여겨 주는 사람에게 끌리게 된다. 반대로 자신의 자율성을 중요시하는 사람으로부터는 멀어진다. 또 정서적인 장애가 있는 사람은 자신의 행복을 진심으로 바라는 사람을 적으로 만들어 버리는 경향이 있다.

'인간은 안이한 쪽을 택한다' 는 말은 인간성의 단면을 잘 대변하고 있다. 의존성이 강한 사람이 칭찬을 받게 되면 기분이 좋아진다. 따라서 자기를 칭찬해 주는 사람에게 끌리게 된다. 또한 자신이 싫어하는 사람을 함께 깎아내리는 사람에게 끌리게 된다. 자신의 험담에 맞장구를 쳐주는 사람과 어울리려고 한다. 이를 테면 마음의 갈등을 해결하지 못한 채 자신의 일시적인 불안을 덜어주는 사람에게 끌리게 되는 것이다. 예를 들어 자신의 기대와는 달리 승진에서 누락되었다고 하자. 마음속으로는 간절히 승진을 원했으면서도 '승진 같은 건 시시하다' 고 얘기한다. 또 이런 회사에 대한 가치관을 가지고 단단히 자신을 무장한다. 그리고 자신을 그런 가치관 속에 꽁꽁 틀어박히게 한다.

이때 자신의 가치관에 동조해 주는 사람이 있으면 그 사람에게 끌리게 된다. 그러나 이러한 생각은 분명히 일시적으로는 불안을 회피할 수 있다. 하지만 그렇게 일시적으로 자신의 체면을 세우고 불안을 회피하게 되면 자신의 의식과 활동의 범위는 더욱 협소해질 뿐이다. 이럴 때 함께 술을 마셔 주고 상사의 험담을 해 주는 사람이 아니라, 뭔가 새로운 일에 도전하기를 권하는 사람은 껄끄러운 존재로 여길 뿐이다. 그러나 직장으로부터 도망치지 않고 문제에 다시 맞서거나, 직장 밖에서 뭔가 새로운 일을 찾아냄으로써 인간은 성장한다. 자신 속에 틀어박히지 않고 새로운 길을 선택하는 그 순간 자아는 성립되고 불안감은 사라진다.

그러나 정서적인 장애자는 안이함 쪽을 택한다.

직장문제 뿐만 아니라 가정문제도 마찬가지다. 이혼을 한 후 일 속으로 도망치면서 '결혼생활 따윈 시시하다' 고 말하며 자신처럼 결혼생활에 실패한 사람과 술을 마신다고 해서 문제가 해결되지는 않는다. 문제란 해결하기 위해 있는 것이다. 그럼에도 불구하고 그 문제로부터 도망쳐서 '결혼생활을 유지하는 건 바보 같은 짓' 이라며 함께 술을 마셔주는 친구만을 소중하게 여긴다.

이처럼 술을 마시고 험담을 하는 것은 단지 불안을 일시적으로 회피하는 방법일 뿐이다. 그렇게 틀어박혀 있는 상태에서 진정한 커뮤니케이션은 불가능하다. 그럼으로써 점차 자신이 갖고 있는 가능성을 실현할 기회와도 멀어지게 된다.

직장에서든 가정에서든 좌절은 그 사람의 가치를 위협하고 체면을 손상시킨다. 그러나 좌절을 정면으로 응시하며 좌절의 원인을 밝혀내기 위한 쪽으로 움직이느냐 아니면 좌절을 회피하는 쪽으로 움직이느냐에 따라 남은 인생과 자아가 결정된다.

사람의 정서는 자신이 처해 있는 상황과 맞섬으로써 성숙한다. 그리고 그것을 가능하도록 도와 주는 역할을 하는 것이 바로 사랑이다. 그렇지만 의존심이 강한 사람은 이런 사람을 피한다. 그리고 항상 위협을 받으며 살아간다.

사람 중에는 좌절에 대해 정면으로 맞서는 가운데 새로운 진실을 발견하고 마음이 풍요로워지는 사람이 있고, 좌절로부터 자신을 지키기 위하여 왜곡된 가치관으로 무장한 채 남과의 관계를 단절시키는 사람도 있다. 그중에는 궤도를 일탈하여 방황하는 사람도 있다. 불안으로부터 도망치려고 하지만 갈등은 해결되지 않고 불안은 사라지지 않는다. 그저 강박적으로 활동하고 있을 뿐이다.

문제로부터 도망을 치면 인격은 빈약해진다. 문제를 정면으로 응시할 수 있다면 좌절은 틀림없이 성장의 계기가 된다.

평가에 신경을 쓰지 않으면 인간관계가 즐거워진다

> 나는 나라고 편하게 생각하라

나와 맞지 않으면 잘라버려라

사람 중에는 스스로를 내성적이며 적극성이 없고 말주변도 없다고 생각하는 사람이 있다. 특히 말주변이 없어서 마음 편히 얘기를 할 수도 없다고 말하는 사람의 이면에는 능숙하게 얘기하고 싶은 바람이 있다.

이런 사람은 친구와 얘기를 할 때도 늘 긴장한다. 말주변이 없다고 해서 어떻게 되는 건 아니다. 서툴면 서툰대로 말을 해도 상관없다.

자신이 말주변이 없는 것에 신경을 쓰는 것은 자신 안에서 삶의 버팀목을 찾지 않고 남의 인생에서 해답을 구하기 때문이다. 남에게 자신의 멋진 인상을 심어 주려고 하지만 이런 것이 삶의 버팀목이 돼지는 않는다.

학창 시절 나는 반더포겔(Wonder Vogel, 1901년 독일에서 시작된 청소년의 도보여행 운동) 단체에 가입한 적이 있는데, 그때 산행을 자주 했다. 산행할 때 자주 부르던 노래 중에 다음과 같은 가사가 있다.

'……비가 내리면 비를 맞으면 그 뿐이다.'

산길을 걷고 있는데 비가 내렸다. 목적지까지 걸어가야 하는 이상 비를 맞을 수밖에 없다. 비가 내리는데도 비를 맞지 않으려고 애쓰면 그 긴장감 때문에 금세 지치게 된다.

말주변이 없음에도 불구하고 능숙하게 얘기를 하려고 하기 때문에 오히려 긴장하게 되는 것이다.

나도 대학에서 처음 강의를 시작했을 때, 스스로 위축이 되어 불안하고 긴장이 되었다. 이유는 실력도 없으면서 좋은 강의를 하여 학생들에게 좋은 평판을 얻으려 했기 때문이다.

실력이 없는 것을 의식하면서 쓸데없는 평판에 신경을 쓰게 되고 결국은 나쁜 평판을 막기 위하여 오만해지기도 했다. 자신의 약한 부분에 신경을 쓰면 적극성을 갖지 못하고 음울한 성격으로 변하기도 한다.

다시 말해서 말주변이 없는 사람은 항상 자신이 말주변이 없다는 것을 의식한다. 그리고 이런 사람은 사회인이 되면 그때는 어떻게 해야 하나 하고 앞날에 대해 쓸데없는 생각을 하며 고민한다. 그 때문에 결과적으로 사람을 멀리하고 음울한 성격이 되는 것이다.

이 원고를 쓰고 있을 때 마침 내가 살고 있는 지역에 선거가 있었다. 후보자를 태운 차에서 시끄러운 소리가 들려왔다.

'저는 ○○○입니다. 지역주민들을 위하여 분발하고 있으니 잘 부탁드립니다' 라는 말을 열심히 당당하게 외치고 있다. 하지만 그 사람은 달변가도 아니었고 연설 내용이 심오한 것도 아니었다. 다만 그는 신경질적이지 않았고, 내성적인 성격도 아니었으며, 수치심도 많지 않기 때문에 당당하게 말하고 있었다. 어쩌면 그는 말주변이 없다고 고민하는 사람보다 더 말주변이 없는지도 모른다. 단지 그는 나처럼 이치를 따져가며 글을 쓰는 그런 사람의 평가 따위는 전혀 신경을 쓰지 않을 뿐이었다.

한 선거에서 참모 역할을 했던 사람이 찾아와서 '선거에서 중요한 것은 어느 부류를 잘라버리느냐 하는 것'이라고 말한 적이 있다. 필경 나 같은 사람은 잘라버릴 계층에 속할 것이다. 하지만 그가 서재에서 내 업무에 지장을 주지 않는 조용한 선거운동을 했다면 당선될 수 없었을 것이다.

말주변이 없는 것을 걱정하여 사람을 기피하는 사람들에게 해주고 싶은 말은 '잘라버려라'는 것이다.

자신의 약한 부분을 의식하는 사람은 자칫 팔방미인이 되기 쉽다. 처음부터 자신과 별로 맞지 않을 것 같은 사람은 잘라버려야 한다. 본능적으로 타인에 대한 두려움을 갖고 있는 사람은 그것을 인식하고는 있지만 행동으로 옮길 수가 없다고 말할지도 모른다. 그렇다면 왜 알고 있는데 실행에 옮길 수 없는 것일까. 그것은 과거의 좌절을 극복하지 못했기 때문일지도 모른다.

실제 이상으로 자신을 과시하지 마라

자신에 대한 타인의 평가에 대해서 신경을 많이 쓰는 사람은 어떤 사람일까. 그것은 자신이 원하는 만큼 남들이 자신에 대하여 평가해 주지 않는다고 생각하는 사람이다. 무의식 중에 자기평가가 낮을지도 모르지만 의식 상태에서는 자신의 평가가 높은 사람이다. 요컨대 자신에 대한 타인의 낮은 평가에 어찌할 바를 모른다. 그렇기 때문에 타인에게 당연히 높이 평가받고 싶어한다.

하지만 사람은 남들로부터 늘 원하는 만큼 높은 평가를 얻을 수는 없다. 아니 오히려 낮게 평가받기 십상이다. 스스로에 대한 평가와 남의 평가가 일치하지 않을 때 민감하게 반응하는 법이다.

그러한 불일치가 불안과 긴장을 초래한다.

'나는 적극성이 없고 말주변도 없다. 말이 서툴기 때문에 친구와 얘기를 할 때도 늘 긴장한다'고 말하는 사람의 진짜 본심은 능숙하게 말할 수 있을지도 모른다는 생각을 갖고 있다는 점이다. 게다가 이왕이면 친구에게 말을 잘한다는 평가를 받고 싶고, 말을 잘 못한다는 평가는 외면하고 싶을 것이다.

이런 사람이 누군가와 대화를 할 때 불안과 긴장을 느끼는 이유는 자신의 이미지가 불안정하기 때문이다. 자신의 이미지, 즉 자신이 어떤 사람이냐 하는 것을 스스로도 잘 모르기 때문이다. 자기가치관이 확고한 사람은 불안과 긴장을 느끼지 않는다. 스스로에 대한 평가만큼 남들도 비슷한 평가를 한다.

이런 사람도 가끔 '말이 서툴기 때문에 누군가와 이야기를 할 때 긴장한다'고 하지만 실은 말이 서툴기 때문에 긴장하는 것이 아니다. 긴장을 유발하는 무언가 다른 이유가 존재할 것이다.

마음과 행동이 반대는 아닌가?

사람은 때로 남에게 의지하고 싶기도 하고 응석을 부리고 싶을 때도 있다.

대체로 신경질적이라는 진단을 받을 정도의 환자는 뭔가 대인관계의 어려움을 체험하고 있다. 이런 종류의 환자가 치료 중 사양의 감정을 강하게 느끼는 것이 그 증거이다.

'포로'와 마찬가지로 '사양'도 응석의 심리를 마음 깊은 곳에 품고 있으면서 반대로 행동하는 것에서 나오는 것이다. '포로'의 감정을 갖고 있거나 '사양'하는 신경질적인 사람은, 사실은 마음속에서 자신이 응석부리는 유치한 인간이라는 것을 상대방이 알게 되면 자신은 상대방으로부터 버림을 받을지도 모른다는 두려움을 갖고 있기 때문이다. 따라서 실제의 자신과는 반대의 모습으로 자신을 과시하려고 한다. 신경질적인 사람에게는 대인관계에 있어서 안도감이 없다.

남자 중에 자신의 성 기능에 주의를 집중하는 성불능자는 자신이 성적으로 불능이면 버림받을지도 모른다고 생각한다. 그리고 자신이 성적으로 정력적인 남성이라는 것을 보여 주려고 한다. 그리고 이러한 '포로'나 '사양'의 심리는 어린 시절에 주위 사람들로부터 '강하고 씩씩한 인간'이 되리라는 기대를 모았던 사람에게서 주로 나타난다. 그리고 실제로 그 기대에 부응하지 못해 주위로부터 깊은 실망의 시선을 받은 사람들이다.

사람은 싸우면서 친해지는 법이다

> 신뢰감이 주는 것

충돌과 대립을 두려워하지 말라

사람과의 충돌을 두려워하면 타인과 가까워질 수 없다. 인간은 아무리 가까워져도 서로를 완전히 이해할 수 없다. 전부를 이해한다고 하지만 어떤 부분은 분명히 오해하고 있기 마련이다. 오해가 생겼을 때 충돌을 두려워하면 오해가 풀리지 않은 채로 관계가 유지된다.

상대방의 행동 중에 뭔가 불쾌한 점이 있음에도 불구하고 진심으로 상대방과 가까워지고 싶다면 그 점을 분명히 하는 것이 좋다. 충돌이 있은 후에야 비로소 자신이 왜 그런 행동을 했는지 설명할 수 있기 때문이다. 그 설명을 들음으로써 상대방을 더욱 깊이 알 수도 있고, 어쩌면 상대방을 오해하고 있었기 때문에 불쾌하게 느꼈을 수도 있다. 불쾌한 감정을 갖고 있으면서도 침묵만 고수한다면 서로간의 이해는 깊어지지 않는다.

상대방에게 상처 주는 것이 두려워서 뭐든지 분명히 말하지 못하는 사람이 있다. 상대방에게 상처를 주는 것이 두려워서 불쾌함을 느끼면서도 그 부분을 말할 수 없는 심정은 이해도 가고, 과거에 나도 뭐든지 분명하게 말하지 못했다. 그렇기 때문에 불쾌감을 느꼈을 때 불쾌하다고 분명히 말하기 어려운 심정을 알고 있다.

그러나 자신의 감정을 분명히 표현하지 않은 상태에서 이루어지는 대화의 깊이는 지극히 표면적일 수밖에 없다. 싸우면서 정든다는 속담처럼 인간은 서로 부대끼면서 가까워진다.

상대방에게 상처를 주는 것이 두려워서 뭐 하나 분명히 말하지 못하는 사람은 자신만 생각하는 사람이다. 정확히 말하면 상대방에게 상처를 줌으로써 자신이 미움 받게 되는 것이 두려운 것일지도 모른다.

하지만 진심으로 상대방을 생각한다면 상대방에게 상처가 돼도 할 말은 해야 한다. 여기에 또 한 가지 상대방이 정말로 그 말을 듣고 상처를 받을지 어떨지는 알 수 없는 일이다. 스스로가 미리 상대방이 상처를 받을 거라고 단정했을 뿐, 상대방이 상처를 받느냐 아니냐는 그건 전적으로 상대방의 문제이다.

자기평가가 낮은 사람일수록 타인의 의견에 민감하다. 이는 결국 자기평가가 낮은 사람은 쉽게 상처를 받는다는 뜻이다.

요컨대 자기평가가 낮은 사람이 상대방에게 어떤 의견을 말하면 상대방은 상처를 받을 거라고 생각하겠지만, 상대방이 자기평가가 높은 사람이라면 전혀 상처받지 않을 것이다.

모든 사람이 똑같이 쉽게 상처를 받는 것은 아니다. 사람 중에는 쉽게 상처를 받는 사람도 있고, 좀처럼 상처를 받지 않는 사람도 있다. 그중에 특히 신경증적 자존심의 소유자는 쉽게 상처를 받는다. 쉽게 상처를 받는 사람은 다른 사람들도 자신처럼 쉽게 상처를 받을 거라고 믿어버린다. 하지만 실제는 그렇지 않다.

결론은 상대방에게 상처가 될까봐 두려워서 어떤 부분에 대해 분명하게 말하지 못하면 아무리 많은 시간이 흘러도 서로의 관계는 진전되지 않는다.

자신의 의지를 분명히 밝히지 않는 사람의 심리

상대방에게 어떤 말을 해야 하는데 상대방이 상처를 받을까봐 주저하는 경우가 있다.

상대방에 대한 지나친 애정 때문에 상처를 줄까봐 말하지 못하는 것이다. 그렇게 상대방과 각별한 사이라면 처음부터 있는 그대로 다 털어 놓아라. 상대방에게 미움을 살까 두려워서 할 말을 못하는 것은 훗날 더 큰 화를 자초한다.

가장 올바르지 않는 경우는 상대방에게 자신이 좋지 않은 이미지로 남을까봐 두려워 뭔가를 분명히 말하지 못하면서도 자신은 상대방이 불쌍하기 때문에 말하지 않는 것이라고 핑계를 대는 경우이다. 이런 행동은 언제까지나 표면적인 관계로만 지낼 수 있을 뿐, 서로를 깊이 이해하는 편한 사이가 될 수 없다.

이런 사람은 때로는 상대방의 말에 감동을 받지 않아도 매우 감동을 받은 것처럼 과장을 하기도 한다. 그다지 만족스럽지 않으면서도 매우 만족스러운 듯이 과장을 한다.

상대방이 자살할지도 모른다는 극단적인 생각을 하면서까지 말을 하지 않는 사람은 사실은 상대방에 대한 증오를 내면에 감추고 있는 것이다. 마찬가지로 타인에 대한 증오심을 갖고 있거나 공격적인 사람일수록 그것을 억제하려고 하기 때문에 다른 일에 극단적으로 매달리고, 나머지 일에는 소극적으로 행동하는 경향이 있다.

여기에서 중요한 결론은 이런 사람은 늘 타인에 대한 증오심을 '내면에 감추고 있다'는 점이다. 그러면서 정작 본인은 자신 속에 타인에 대한 증오심이 있다는 것을 깨닫지 못하고 있다. 이것은 인간에 대한 증오심을 억제하고 있는 것이라고 할 수 있다.

인간은 종종 본래의 마음을 억누른 채 살아가기 때문에 언젠가는 자신의 본심이 상대방을 마음 아프게 할 것이라고 생각한다. 그리고 이런 본심을 억제하는 사이에 타인에 대한 증오심이 마음 깊은 곳에 자리잡게 된다. 하지만 이런 행동이야말로 정말로 타인을 상처만 입히게 되고 만다.

상대방의 행동에 불쾌감을 느낄 때 불쾌하다고 말할 수 있는 것은 상대방과의 관계를 지속시키려는 의지가 있기 때문이다. 만일 진심을 얘기했을 때 소원해질 관계라면 그건 어쩔 수 없다. 그런 깨끗한 감정이 있어야만 비로소 상대방에게 분명하게 불쾌하다는 말을 할 수 있다. 진심에서 우러나오는 말이 아니라면 굳이 말할 필요도 없다.

상대방과의 관계를 억지로 지속시켜야만 하는 입장이면 불쾌한 일이 있어도 참게 된다. 상대방이 상처받을 것을 염

려해 소극적인 태도를 취하는 사람은 지금까지 타인의 언행 때문에 크게 상처를 받은 경험이 있는 사람이다.

타인에 대한 증오를 내적으로 억압하면서 스스로를 수용하지 못하는 사람은 타인이 상처받는 것을 극단적으로 두려워한다.

싫다고 분명히 말할 수 있는 것은 신뢰감이 있기 때문이다

기본적으로 선의의 인간은 남에게 상처를 주는 것에 대한 두려움이 별로 없다.

인간의 '선의'라는 감정은 높은 자기평가를 통해서만 발생하는 것이다. 사람은 마음 밑바탕에 약간의 호의만 있어도 상대방에게 애정 어린 충고를 할 수 있다. 어느 정도 가슴을 연 상태에서 접근을 하면 상대방도 거리를 좁혀 진심 어린 충고를 기꺼이 받아들일 것이다. 상대방이 자신에게 갖고 있는 호의와 자신이 상대방에게 하는 충고를 별개의 문제라고 생각하기 때문이다. 상대방이 그런 요구를 하는 것이 지금의 자기를 싫어하는 것은 아니라고 생각하기 때문이다.

상대방에 대한 기본적인 호의 없이 이런저런 요구를 하는 것은 지금의 상대방이 마음에 안 든다는 뜻이 될 수 있다. 호의 없이 상대방을 대하다 보면 자칫 두려운 마음을 갖게 되고 결국은 필요한 말도 못할 수가 있다.

신경증적인 사람은 타인에게 상처받기 쉬우므로 자신에게 세심한 배려를 해주는 사람과 주로 사귀게 된다. 명확하고 냉정하게 요구를 하는 사람과는 사귈 수가 없다. 날카로운 지적이 때로는 치명적으로 작용하여 자존심에 상처를 입힐 수 있기 때문이다.

다시 말해 신경증적인 사람은 선의를 지닌 논리적인 사람을 피하고 타인에 대한 증오를 마음 속에 품고 있는 사람과 사귀는 경향이 있다.

신경증적 자존심의 소유자가 기본적으로 타인과 친해질 수 없는 것은 바로 이런 이유 때문이다. 친화력이 뛰어난 사람을 피하고 자신과 비슷한 처지의 사람과 사귀다 보면 자연히 자신과 다른 취향의 사람과는 친해질 수 없게 된다.

상대방에 대한 신뢰가 전제되지 않으면 싫은 것을 싫다고 분명히 말할 수 없다. 기본적인 신뢰감을 바탕으로 한 인간관계에서 드러나는 다양한 모습들을 신경증적 자존심의 소유자는 이해할 수 없다. 상대방을 신뢰하기 때문에 자신의 요구를 말할 수 있는 것인데 자신을 신뢰하지 않기 때문에 상대방이 그렇게 말하는 것이라고 생각해 버리는 것이다. 상대방에게 조언을 듣는 것 자체가 신뢰받지 못하는 증거라고 받아들이는 것이다.

'진짜'를 만나야 진정한 인간관계가 형성된다

> 나를 발전시키는 사람, 죽이는 사람

오늘 하루를 어떻게 받아들이는가?

심리적으로 안정되어 있는 사람은 주어진 하루가 '오늘 하루'를 위해서 존재한다는 긍정적인 생각을 가지고 하루를 시작한다.

하지만 이와 반대인 사람은 주어진 하루가 끝나고 저녁이 되면 초조해지고 불안해진다. 원래의 불안정한 정서에 초조함까지 생기고, 하루가 다 갔다는 허무함에 후회까지 더해져 안절부절못한다. 이런 사람에게 있어 오늘의 존재 이유는 단지 내일을 위한 것이라고만 생각한다.

이런 사람은 내면의 불안감을 부의 축적과 명성으로 해소

하려고 한다. 그것이 잘못된 생각일지라도 불안감을 더는 데
는 효과가 있다. 하지만 이런 판단은 일시적인 고통을 멈추
게 하는 진통제와 같다. 진통제를 복용하면 순간의 고통은
멎는다. 하지만 고통의 뿌리까지 제거되지는 않는다. 약 기
운이 떨어지면 통증은 재발된다.

정서적으로 불안한 사람에게는 만족스런 하루가 주어졌다
고 해도 그 하루가 불안의 원인을 제거해 주었다고 생각하지
못한다. 내일이 오면 새로운 진통제가 필요하듯 또 다른 불
안이 찾아온다. 내일이 또 만족스러운 날이 되기 위해서 눈
앞에 보이는 일시적인 안정을 다시 필요로 한다.

정서적으로 안정이 안 된 사람이 가장 많이 가지고 있는
감정은 바로 불안감이다. 이런 사람은 모든 일을 할 때 불안
을 제거하고 나서야 시작할 수 있다. 일상적인 즐거움, 취미
를 즐기는 일 등 이런 것들은 불안이 해소돼야만 비로소 눈
에 들어온다.

주어진 하루에 대해 만족하고, 아름다운 음악은 그 음악

자체로 존재 의미가 있듯 정서적으로 안정이 되어 있는 사람에게는 모든 것이 있는 그대로 받아들여진다. 마음이 불안한 사람에게는 하루가 소모와 회한으로 끝난다고 느껴지지만 그 반대의 사람에게는 그 똑같은 하루가 큰 만족과 기쁨을 가져다 주는 의미 있는 하루가 된다.

이렇게 늘 불안한 사람은 그때그때 일시적인 불안만을 해결하려고 한다. 하지만 결국 남는 것은 언제나 불안 그 자체일 뿐이다. 눈앞의 불안이 해결되었다고 해서 모든 게 해결된 것은 아니기 때문이다.

좋은 것을 봐야 보는 눈도 생긴다

음악은 누구나 들을 수 있다. 그러나 그 음악에서 누구나 '아름다움'을 느낄 수는 없다.

와세다 대학 교향악단과 함께 베를린에 갔을 때의 일이다.

연주회에 관한 일로 베를린 필 하모니를 찾아갔다. 마침 세계 최고의 지휘자인 카라얀이 그날 연주를 위해서 맹연습

중이었다. 그때 무대 뒤에서 연주를 듣고 있던 한 학생이 뜻밖에 '아, 정말 소리가 좋은데요' 하고 감탄했다.

소리는 누구나 들을 수 있다. 그러나 그 속에서 '아름다움'을 느낄 수 있느냐가 문제이다. 나는 그 학생의 감탄사를 들으며 불현듯 나의 빈약한 감수성을 새삼 깨닫게 되었다.

매슬로는 그의 저서 ≪인간성의 최고 가치≫에서 '젊은 사람들은 사물을 눈에 보이는 대로, 구체적인 것으로 끌어내리는 것만을 배워 왔다'고 말하고 있다.

만일 구체적인 것 속에서 상징적인 가치를 느낄 수 없다면 우리는 삶의 의미를 상실하고 내면도 따라서 황폐해질 것이다. 도자기를 예로 들어 보자. 그것을 단순히 흙을 구워 만든 것으로만 보느냐 아니면 그 도자기 속에서 상징적인 가치로서의 '아름다움'을 느끼느냐 하는 것이 삶에 있어서 중요한 문제가 된다.

구체적인 것 속에서 상징적인 가치를 느낄 수 있는 사람이야말로 인간으로서의 소양을 갖춘 사람이다.

시험 공부는 '어떤 시대에 어떤 음악가 혹은 어떤 도예가가 있었고 그들은 어떤 작품을 남겼는가'에 대해서만 공부할 뿐 그 속에 담고 있는 '아름다움'을 볼 수 있는 능력을 키워 주지 못한다.

인간은 불행하게도 나이가 들수록 사물의 깊이를 볼 수 있는 능력이 점점 퇴화된다. 사고 없이 암기 위주의 교육 결과 감수성을 죽이고 결국은 사물의 깊이보다는 표면적인 것만 받아들이고 서서히 관계없는 것에는 무관심한 태도를 보이게 된다. 풍부한 감수성을 키웠다면 젊은 사람들의 사고방식이 매사에 무관심으로 일괄되지는 않았을 것이다. 상징적인 기호에서도 구체적인 사물에서도 사람은 의미를 찾을 수 있으며 이것이 바로 인간다움이다. 하지만 분열증 환자는 사물이나 가치의 비유를 이해하지 못한다. '좋은 사물이나 작품'을 접하는 것이야말로 인간에게 삶의 의미를 일깨워 주는 것인데도 말이다.

어릴 때 '좋은 사람'과 접할 수 있었던 사람은 그 어떤 유형의 재산을 물려받은 것보다도 멋진 재산을 가진 사람이다. 어릴 때 '좋은 사람'과 접하면서 성장한 사람은 계속해서 타인을 보는 안목이 넓어진다. 그리고 이런 성장기를 보낸 사람은 자연스럽게 '좋은 사람'을 친구로 두고 살아갈 수 있다.

반대로 어릴 때 '좋은 사람'과 접할 수 없었던 사람은 타인을 보는 안목이 거의 없다. 그렇기 때문에 성장한 후에도 주위에 비뚤어진 신경증적 자기 방어가 심한 사람들에게 둘러싸여 살아가게 된다. 이런 사람은 어떤 사람과 함께 사는 것이 참다운 자기를 발견하는 것인지를 알기 힘들다.

작품을 보는 안목은 어디에서 생기는가. '좋은 작품'을 많이 보는 데서 생긴다. 마찬가지로 '좋은 사람'을 볼 수 있는 안목도 '좋은 사람'을 많이 만나봐야 생긴다. 상대를 꿰뚫어 볼 수 있는 안목도 역시 '좋은 사람'과 많이 접함으로써 생긴다.

'진짜'는 안도감을 준다

진짜 인간과 접하면서 성장한 사람은 좀처럼 가짜 인간에 속지 않는다. 이런 판단력은 진짜와 접해봄으로써 생긴다.

여기서 말하는 진짜 인간이란 참다운 자기를 발견한 사람, 자기를 알고 자기의 본능에 따라 살아가는 사람이다. 한편 가짜란 자아가 확립되지 않은 인간을 말한다. 그런 사람은 의식과 무의식이 심하게 분열되어 있는 사람이며 자기 억압이 심한 사람이다. 결국 정서가 불안한 사람이다.

가짜는 마치 강요와도 같다. 부모가 가짜 인간이면 아이를 자신과 닮게 하려고 아이를 강요한다. 그러면 자연적으로 아이는 비뚤어지게 된다. 이런 아이는 자신감을 상실하고 삶의 의미를 깨닫지 못한다. 진짜 인간을 접해 보지 못한 채 성장했기 때문에 어떤 사람이 가짜이고 진짜인지 알지 못한다. 진짜 인간이란 '좋은 인간'으로, 자신의 본성을 해방시켜 주는 사람이다.

진짜 인간은 자신에게 강요하지 않는다. 반면에 애정을 쏟

아준다. 하지만 가짜는 자신을 억누른다. 그리고 상대방을 무시한다.

신경증적 성향이 있는 인간에게 있어서 가장 중요한 판단력은 이 가짜와 진짜를 가려내는 판별력이다. 누가 자신의 본질을 존중해 주는지, 누가 자신의 본질을 무시하는지, 이런 판단이 가능하면 신경증적 성향은 치유될 수 있다. 요컨대 자신의 본질을 존중해 주는 사람과 접하려고 하기 때문이다. 그리고 진짜 인간은 그런 사람을 치유해 준다. 그러나 유감스럽게도 신경증인 사람에게는 그런 판별력이 없다. 치유를 필요로 하지 않는 사람일수록 판단력이 갖춰져 있다.

자신을 꿰뚫어 보지 못하는 사람은 상대방도 꿰뚫어볼 수 없다. 억압이 강한 사람은 사실 어떤 것이 억압이 강하고 어떤 것이 억압이 약한 것인지 알지 못한다.

'좋은 것'이라고 해도 좋고 '진짜'라고 해도 좋지만 아무튼 그런 것들을 접함으로써 인간은 삶의 의미를 깨달을 수 있다. 진짜 인간만이 진짜 인간을 알아볼 수 있다. 그러나 가짜 인간에 둘러싸여 자신을 왜곡시키며 살아왔던 사람에게 그것은 어려운 일이다. 따라서 방법은 자신이 지금까지 접해 보지 못했던 사람들과 접하는 것이다.

진짜 인간은 자신을 해방시켜 준다. 진짜 인간과 만나면 두려운 것이 없다. 가짜 인간과 있으면 자신이 두려워서 자신에 대한 방어벽을 만든다. 진짜 인간과 접하는 것은 이 방어벽을 허물어뜨리는 것이다. 그래서 진짜 인간과 접하면 마음이 평온해진다.

3장

직장에서 필요한 사고방식

듣기 좋은 소리를 하는 사람은 주의하라

> 사람을 평가하는 안목

큰 그릇, 작은 그릇 — 인물 평가의 뒷모습

신입사원 시절에는 상사가 모두 훌륭해 보인다.

남을 존경하는 것은 좋은 일이니 상사를 많이 존경하라고 권한다. 그러나 상사도 사람인 이상 다양한 타입의 인간이 있다.

상사 중에는 부하직원을 배려해 주는 내면이 따뜻한 사람도 있지만 교활한 사람도 있다. 부하직원의 가능성을 키워주는 상사도 있지만 부하직원의 모든 가능성을 막아버리는 상사도 있다. 상사라고 해서 무조건 본받아야 하는 것은 아니다. 상사라는 지위에 사로잡혀 눈이 멀거나 결함이 있는 가치관에 물들어버리면 자신 역시 똑같은 인간이 된다.

상사의 유형 중에는 부하직원의 신뢰를 얻고 있는 상사 같지만 실은 그렇지 않은 상사도 있고, 열등감에 사로잡혀 있으나 외형상의 행동만 완벽하게 비춰져 부하직원에게 멋있게 비춰지는 경우도 있다. 물론 이런 상사와는 형식적인 관계는 유지할 수 있지만 상사가 타 부서로 자리 이동을 하거나 떠나면 더 이상의 관계는 유지되지 않는다.

'그 사장은 통이 작다'는 식으로 말하는 것은 사실은 무의미하다. 단순히 객관적 기준 없이 인물이 크다거나 작다거나 하는 식의 표현은 욕구불만으로 채워진 사람이 하는 말이다. '그 사람은 통이 작다'고 말하면 변명의 여지없이 모든 것을 덮어버린다. 게다가 '그 사람'의 직책이 사장일 경우에는 '그 사람은 통이 작다'고 말함으로써 자신은 사장보다 훌륭하다고 애써 떠벌이는 행위이다. 또한 그렇게 말함으로써 자신이 그 사장보다 더 대단한 사람인 듯한 착각을 하는 것이다. 이런 판단을 하는 사람은 다른 사람에게 인정받고 갈채를 받고 싶다는 바람이 강하지만, 결국은 자기 과시욕이 채워지지 않은 인간이다.

원래 '된 사람'은 '크다'든가 '작다'든가 하는 평가에는 무관심하다. '크다, 작다'라는 평가에 연연해하는 것은 자신이 그만큼 덜 된 사람이라는 증거이다.

자신의 지금의 능력으로는 도저히 불가능한 평가를 바라고 있는데 그것이 실현될 가능성이 없는 사람은 다른 사람을 '그 사람은 통이 크다'든가 '그 사람은 통이 작다'든가 하는 평가 방법으로 얼버무리는 것이다.

시험 삼아 '그 사장은 통이 작다'는 식으로 말하는 사람을 잘 관찰해 보는 것도 좋다. 그런 사람은 대개 게으름뱅이다. 그런 식의 평가 방법을 쓰는 사람은 꾸준히 노력하지 않는 타입이 대부분이다.

꾸준히 노력하면서 자신의 사회적 신용을 쌓으려고 하거나 인맥을 형성하려고 하는 타입이 아닌 사람들이 '크다', '작다'는 표현을 즐겨 쓴다. 요컨대 그런 부류의 사람들은 자신의 소망을 수월한 방법으로 달성하려고 한다. 이러한 유형의 가치관을 가지고 있는 사람에게 물들어버리면 결국은 자신도 판단기준 없이 입에서 나오는 대로 지껄여대는 인간이 되어버리고 급기야 그 누구에게도 신뢰받지 못하게 된다.

듣기 좋은 소리에 사로잡히지 마라

즐겨 쓰는 표현 중에 '크다' '작다'가 아니라 '인간적'이라는 표현도 있는데 이것도 매우 애매한 표현이다. '이번에 상무가 된 사람은 인간적인 면에서는 결함이 없다'고 훌륭한 칭찬이나 되는 것처럼 말하는 사람도 역시 자신의 능력과는 어울리지도 않는 소망을 품고 욕구불만이 빠져 있는 사람인 경우가 많다. 어릴 때부터 핑계를 대지 않고 현실을 직시해 온 사람은 그런 식으로 말하지 않는다. 현실에 직면해서 살아온 사람은 각각의 입장에서 변하지 않는 마음을 갖고 있다.

사람은 '그 사람은 통이 작다' '그 사람은 인간성이 안 좋다' 라는 식으로 말을 하면 왠지 단숨에 자신은 그 사람 위에서 군림하는 것 같은 착각이 든다. 그런 사람은 유아기 이후 정서적으로 성장이 멈춰버린 것이다. 그런 유아적 소망을 손쉽게 실현시키는 방법으로 '그 전무는 인간적으로는 아직 멀었다' 든가 '사장보다 그 사람이 인격이 더 높다' 는 식의 말을 한다.

허영심은 강하지만 노력도 하지 않으면서 타인의 관심을 집중시키지 않으면 살아갈 수 없는 그런 사람이 '저 사람은 아직도 멀었어' 라는 식으로 누군가를 평가한다. 위대한 인물이 되기에는 아직 멀었다는 뜻 같은데 그 '아직 멀었다' 는 식의 말을 하는 사람은 훌륭한 사람으로 보이고 싶어하는 사람이다. 게다가 그런 사람은 '아직도 멀었어' 라고 말할 때는 억지로 그 말에 어울리는 포즈를 취하면서 말한다.

'인품이나 식견이 없다' 는 것을 자연스럽게 말하는 것이 아니라 억지로 포즈를 취하면서 부자연스러운 말투로 표현한다. 그 부자연스러움 속에는 자기과시를 하지 않고는 배길 수 없는 불행이 엿보인다. 아주 심한 경우에는 '그 사람도 …… 아무튼 통이 작아' 하는 식으로 말한다. 이런 표현을 쓰는 사람들의 인격은 소아성小兒性에 여전히 안착하고 있다고밖에 달리 설명할 수가 없다.

그런 사람들은 현실을 외면하고 세상을 비뚤어지게 본다. 하지만 그렇게 되면 역경에서 빠져 나올 수 없다. 이런 종류의 말은 마약 같은 것이다. 마약처럼 말에서 위안을 찾게 되면 점점 주위와의 관계도 멀어지고 자신도 주위로부터 멀어지게 된다.

자기 중심이 선 사람은 누군가로부터 '그 사장은 틀렸어. 남자다운 데라곤 전혀 없어'라는 말을 들어도 마음이 동요되지 않는다. 심지어 억지 포즈를 취하며 그렇게 말하는 상대방이야말로 남자답지 않다는 것을 간파하게 된다. 그리고 회사를 무시하는 듯한 그런 표현과 태도가 이기적인 제멋대로의 행동이라는 것을 간파하게 된다.

추켜세우는 사람에게는 배려심이 적음을 알라

> 비열한 인간을 판단하는 안목

비행기를 태우면 으쓱해지는 내게도 결함이 있다

타인을 추켜세우면서 조종하려는 사람은 대체로 인정이 메말라 있다. 남을 조종의 대상으로만 여기는 사람은 대개 합리적인 교제를 할 수 없는 사람이다.

만일 부하직원이 일류 대학이라도 나온 사람이라면 '역시 ○○대학 출신은 달라' 라는 식으로 추켜세우며 사람을 조종하는 사람은 일단 내 쪽에서 곤란에 처했을 때에는 절대로 도움을 주지 않는다. 타인을 모두 조종의 대상으로 보는 사람은 애초부터 남을 도와 주려는 의도 자체가 없다. 그런 상사가 적당히 추켜세워 주어서 그 대가로 온갖 정성을 다하지만 그런 상사는 부하가 곤란에 처했을 때는 결코 도움을 주지 않는다. 곤란에 처한 나머지 도움을 청하러 갔다가는 어처구니없는 일을 당할 것임에 틀림없다.

그런 사람을 찾아갔을 때 예전의 그 다정한 표정은 온데간데없고 반대로 '자네 때문에 정말 골치 아프군' 하는 떫은 표정으로 노려볼 것이다. 그때서야 '아, 이런 사람이구나' 하고 어처구니없어 해도 이미 때는 늦었다. 그렇게 사람을 부려먹더니 이제 와서 '골치가 아프다니 그게 무슨 말이냐!'고 분통을 터뜨려도 이미 때는 늦었다.

오히려 그런 온갖 달콤한 말에 넘어가서 상사에게 헌신했던 자신의 오류를 반성하는 편이 낫다.

머리가 좋다는 식의 쓸데없는 우월감을 갖고 있지 않았다면 그렇게 보기 좋게 조종을 당하거나 이용을 당하지는 않았을 것이다. 혹은 자신은 머리가 나쁘다는 쓸데없는 열등감에 시달리지 않았다면 '자네는 머리가 좋다'는 식의 건성으로 하는 말을 듣고 기뻐하지도 않았을 것이다. 어리석은 열등감을 갖고 있기 때문에 그런 상사에게 조종을 당하는 것이다. 출신 대학에 따라 사람을 평가하는 왜곡된 가치관을 갖고 있기 때문에 남에게 조종을 당한다.

교활한 사람은 인간의 약한 내면을 간파한다. 반면에 강하게 무장된 사람의 내면은 간파하지 못한다. 그것은 약한 인간은 욕망이 비정상적으로 강하기 때문이다. 사람은 약하면 약할수록 그와 마찬가지로 욕망이 강해진다.

출세하고 싶다, 존경 받고 싶다, 돈을 많이 벌고 싶다, 결혼하고 싶다는 등, 그 어떤 것이든 꿈을 지닌다는 것은 좋다. 하지만 이런 바람이 자신의 수준을 무시한 채 비정상적으로 높기 때문에 남에게 이용 당하는 것이다.

그건 마치 결혼 적령기를 넘긴 사람이 뒤늦게 결혼을 해야 한다는 생각에 사로잡혀 사기 결혼을 당하기 쉬운 것과 같다. 이런 욕망이 지나치게 커지면서 내면을 차지하는 부분이 많아지고, 그와 같은 욕망에 따라 지배를 당할 때 사람은 쉽게 속아넘어간다.

어떤 욕망이 지나치게 커져서 인격 전체의 균형이 무너지기 때문에 사람은 신경증이 된다. 이것을 빌미로 사람을 이용하는 사람도 불행한 사람이지만 그 당사자의 심리 또한 정서적으로 문제가 있다. 자신이 오래도록 그렇게 기만 당해왔다는 것을 깨달았을 때는 분통을 터뜨리는 것보다는 자신의 결함을 먼저 반성해야 한다.

남을 조종하는 사람일수록 자기 중심적이다

상사에게 조종 당하고 있는 부하직원은 그가 자신을 전혀 이해하지 못한다는 사실 자체를 깨닫지 못하는 경우가 많다. 타인을 조종하려는 사람은 자기 자신에게만 구애받고 있다. 자신의 이미지에 상처를 입는 것에 대한 공포에 구애받고 자신의 욕구에 구애받기 때문에 본래의 자신에게까지도 성숙한 태도를 보이지 못한다. 남을 이해하기 위해서는 자신부터 이해할 필요가 있다.

남을 조종하려는 사람은 지속적인 인간관계를 거부한다.

그러나 우리는 타인과의 관계를 통해 사람을 이해할 수 있다. 따라서 부하직원을 적당히 추켜세우며 조종하려는 상사는 부하직원의 열등감을 간파할 수는 있지만 그 부하직원이 열등감 때문에 고통받을 것이라고는 생각하지 못한다. 이런 상사는 애초에 부하직원의 입장을 이해하려는 마음 자체가 없다. 부하직원의 열등감을 간파하고 어떻게 하면 '저 친구를 부려먹을까' 하는 생각만 할 뿐, 그 부하직원의 마음의 상처로 인한 고통 따위는 전혀 이해하지 못한다.

이런 상사는 남의 기분에는 무관심하지만 자신의 요구와 합치되는 것에는 놀라우리만치 민감하다.

부하직원이 이런 상사 때문에 상처받고 인내하면서 온 정성을 다 바쳐도 상사는 전혀 이해하지 못한다. 그렇기 때문에 그 상사로부터는 좋은 평가를 받을 수 없다.

상대를 조소하는 마음에는 불안이 있다

> 병든 자의식을 판단하는 안목

적응하지 못한다고 비웃는 상사의 심리

부하직원에 대한 상사의 험담은 같은 부서 내에서 동료의 출세에 시기하는 치열한 경쟁관계에 있는 사람에게 일종의 쾌감을 느끼게 만든다.

내가 아는 어떤 과장은 자신의 한 부하직원의 행동을 보고 '저 친구는 심리적 적응장애인 같아' 라고 말하면서 대중 앞에서 웃음거리로 만들고는, 심지어 '이제부터 우리 부서에서는 적응장애라는 말을 쓰도록 하지' 하며 즐거워하곤 한다.

나도 그 조소의 대상을 알고 있었는데 물론 그 사람도 문제가 있긴 했었다. 그렇다고 해도 그 과장이 자신의 부하직원을 '저 친구는 적응장애' 라는 식으로 말하며 우월감에 젖어서 모두들 앞에서 조롱을 한 것은 문제가 있다.

이런 상사는 자신의 부하직원이 업무에 잘 적응하지 못하면 그것을 바로잡아 주려고 한다든가 지도하기보다는 그저 비아냥거리기를 즐기는 리더 자질이 완전히 결여되어 있는 사람이다. 이런 상사는 능력은 없으면서 지배욕은 강하다. 이런 사람은 타인을 신뢰하지 못할 뿐만 아니라 남의 결점을 지적하는 데 혈안이 되어 있다.

상사 중에는 부하직원의 결점만 집요하게 찾아 내어 자신의 우월감을 확인하고 희열을 느끼는 사람이 있다. 자신의 부하직원을 격려하고 이끌어 주는 게 아니라 단지 부하직원을 자신의 우월감을 확인하는 수단으로 전락시키고 있을 뿐이다. 물론 이런 상사는 부하직원이 마음의 상처를 입는 것 따위에는 전혀 관심이 없다.

타인에게 상처를 입히면서도 상처를 입힌다는 것조차 전혀 깨닫지 못하는 정말 심각한 문제의 인간이다. 그런 사람은 무슨 일을 할지 알 수 없다. 남에 대한 '배려'는 눈을 씻고도 찾아볼 수 없다. 그러면서도 정작 본인은 자신이 '배려심' 있는 인간이라고 착각한다.

이런 사람은 자신이 냉혹하고 의심이 많다는 것을 알고 있지만 그것을 인정하지는 않는다. 이런 사람은 애초부터 자신의 마음속을 들여다보려는 자세가 되어 있지 않다.

그리고 반대로 남에게는 의심이 많다고 비난한다. 이런 증상을 심리학에서 투사投射라고 말한다.

'투사'란 자신이 의심이 많은데도 그것을 인정하지 않으면서 오히려 타인을 '의심이 많다'고 비난하며 자기 마음의 갈등을 해결하려는 것이다.

현실감이 없는 사람을 거물로 착각하지 말라

사람 중에는 좋은 것을 보고도 좋다고 표현하지 않는 사람이 있다. 이런 사람은 현실감각이 둔하고 기쁜 일이 있어도 쉽게 감동하지 못한다. 예쁜 꽃을 보고도 예쁘다고 실감하지 못하고 사회적으로 나쁜 범죄를 저질러도 죄의식이 전혀 없다. 이런 사람은 결국 어느 시점에 가서는 의식의 자연스러운 흐름이 멈춰 버린다.

그렇기 때문에 부하직원에게 불합리한 일을 시켜도 정작 명령을 내린 본인은 죄책감이 없다.

남을 속이고도 전혀 마음이 괴롭지 않다. 타인을 속이는 짓이 나쁜 일이라는 실감이 전혀 없다. 그렇기 때문에 부하직원에게도 태연하게 남을 속이라는 명령까지 내린다. 그리고 부하직원이 그 일을 하지 않았을 때는 즉각 통이 작다고 폄하한다. 그러면서 자기와 유사한 부하직원을 보면 반대로 그릇이 크다고 추켜세운다.

사회적으로는 남을 속이고도 아무런 느낌도 갖지 않는 쪽이 비정상이고, 겁을 내는 쪽이 정상이다. 그런 상사의 '저 친구는 통이 작아서 틀렸어' 따위의 말은 어불성설이다.

현실감이 희박한 사람을 흔히 이인증離人症이라고 하는데 이런 사람은 겉으로는 정상적인 사람과 전혀 구분이 안 된다. 자아 의식이 병들어 있는 것이지 표정이 병들어 있는 것은 아니기 때문이다.

샐러리맨 중에는 남을 무책임하게 기만하며 상처를 입히고도 아무렇지도 않게 생활하는 사람들이 있다. 심지어 '그렇게 하지 않으면 치열한 조직사회에서 살아남을 수 없다고 판단한다. 조직 사회니 경쟁이니 하면서 매사를 합리화시키면서 이인증적 경향이 있는 상사를 대단한 상사인 양 떠받들곤 한다.

결국 그와 같은 상사를 본받은 사람은 언젠가는 사회적으로 매장을 당할 때가 온다. 굳이 이인증까지 언급하지 않아도 현실감이 희박한 사람을 존경해서는 안 된다. 간혹 회사 안에서 괴짜라든가 기인이라는 말을 듣는 사람 가운데 이런 타입이 많다.

보통사람과 구별해 딱히 이 점에서 다르다고 할 수는 없지만 남들과 다르다는 것은 외면이 병들어 있는 것이 아니라 자아 의식이 병들어 있는 것이다. 냉혹한 현실로부터 도망치고 싶은 비즈니스맨은 이런 왜곡된 모습을 보고 가치 있는 인간으로 느끼고 자신에 대한 방어수단을 확고히 한다.

이런 타입은 결코 깊이 관여하지 마라

내가 알고 있는 한 부모도 이런 유형의 사람들로 결국 아이를 우울증으로까지 몰고가는 것을 본 적이 있다. 그들은 아이의 행동을 시종일관 비웃고 있었다.

믿어지지 않는 이야기지만 부모가 아이를 사람들 앞에서 조소하면서 기뻐하고, 혹은 남편이 아내를 사람들 앞에서 웃음거리를 만들어 놓고 기뻐하는 그런 가정이 이 세상에는 있다.

그런 가정에서 '배려' 라는 말은 어디에서도 찾아 볼 수 없다. 그런 가정에서 자라면 결국 비극적인 인생을 살아가게 된다.

그런 자세는 내가 하는 것은 모두 옳고 남이 하는 것은 모두 틀렸다고 하는 자세이다. 그런 사람은 실제로 옳지 않은 행동을 했을 때 그 사실을 알면서도 남 앞에서는 인정하기 싫어한다.

물론 어떤 부분에서 '나는 옳다' 고 생각하는 것은 일종의 자기 긍정이다. 스스로 '나는 중요한 인간이다, 나는 소중한 인간이다, 나는 뛰어나다' 라는 식의 사고방식은 살아가는 데 활력소가 되어 준다.

그런데 '남은 늘 옳지 않다' 고 생각하는 것은 타인 부정이다. 나 아닌 사람은 늘 열등하고 신용할 수도 없다. 이런 사고방식은 궁극적으로 남을 조금도 인정하지 않는 태도이다.

이런 유형의 사람은 결국 오래 사귀었던 친구도, 자신에게 온 정성을 다 했던 부하직원도 어느 한 순간 자신에게 이익이나 도움이 되지 않는다고 판단되면 아무렇지도 않게 정리해 버리는 냉정한 면을 갖고 있다.

이런 유형의 사람의 가장 위험한 면은 늘 자신이 '애정이 넘치는 사람' 으로 생각하고 있다는 것이다. 이성적인 인간은 주위에 비극을 안겨 주지는 않는다. 그런데 그렇지 않은 사람이 스스로를 '배려심 많은 사람'이라고 자부하고 주위 사람들에게 큰 은혜라도 베풀듯이 행동한다. 주위의 사람들이 그저 자기가 생각한 대로 움직일 거라는 생각을 갖고 있다. 타인을 희생양으로 삼고 살아가면서도 자신이 희생양이 된 것처럼 느끼기도 한다. 그리고 객관적으로는 좋은 환경에 둘러싸여 있으면서도 만족할 줄 모르고 늘 남의 탓을 한다.

힐티는 ≪행복론≫이라는 책에서 늘 남을 정복하고 싶어 하는 사람에게는 냉정하게 대해야 한다고 말한다.

지배욕이 강하고 의심이 많고, 실제로는 자신의 이익만을 추구하면서도 표면적으로는 자기만큼 욕심이 없는 사람도 없다고 자부하는 사람과 가까워질 수 있는 사람은 자아가 확립되어 있는 사람이어야 한다. 그러나 정서가 불안정한 사람은 이런 종류의 사람과 사귀면 병이 든다.

≪자기실현에 이르는 길≫이라는 책에서 저자 제임스는 부적당한 세 가지의 웃음에 대한 예를 들고 있다. 교사가 학생의 어리석은 행위를 보고 재미있다는 듯이 웃는 경우, 어

머니가 걸핏하면 다치는 어린아이를 보고도 웃는 경우, 아버지가 아들의 무모한 행동을 보고 기쁜 듯이 싱글거리는 경우이다. 이들 부적당한 웃음은 교수대에서 목을 조르는 포승줄처럼 당사자를 억누르는 행위이다. 이런 잘못된 웃음으로 인해 얼마나 많은 아이들이 부모로부터 정신적인 죽임을 당하고 있는 것일까.

가엾은 자기 신세를 호소하는 사람은 타인을 이용한다

> 자기애적 인간을 판단하는 안목

불행한 처지를 연기하는 모습에 속지 마라

사람들 중에는 주위사람들로 인해 괴롭힘을 당하며 매일 기를 못 펴고 살고 있고, 거래처로부터 싫은 소릴 듣는 게 죽기보다 싫다고 하면서 매사에 이런 비참함을 수단 삼아 남의 동정을 사려는 사람이 있다.

이렇게 늘 비참함을 무기로 삼는 사람은 교활하고 유치한 인간의 정형이다. 이런 사람의 내면에는 나약함과 무능력이 섞여 있는데 너무도 위험한 인간 유형이다.

어린아이가 칭얼거릴 때 과장되게 표현하여 주위사람들로부터 동정을 사려고 하는 것처럼 성인이 되어서도 이와 같은 행동을 하는 사람은 지극히 계산적인 사람이다. 자신의 딱한 처지를 무기로 어떤 결과를 미리 계산해서 기대하는 것이다.

자신의 불행함을 이용해 어떤 의견을 관철시키려고 할 때 인간은 철저하게 자신의 입장에서 주위 분위기를 이끌어간다. 이런 사람은 '불행한 자신'의 입장을 결코 바꾸려 하지 않고 그 입장에서만 요구를 관철시키려고 한다. 타인이 거절하기 힘들 정도로 피해자로서의 자신의 입장을 요구가 관철될 때까지 고수하려고 한다.

이렇게 철저하게 자기애적인 사람은 자신의 이익을 위하여 타인을 어떻게 이용할 것인가 하는 것만 생각한다. 그것도 어떻게 하면 좀 더 멋지게 속여넘길까 하고 타인에게 접근하기 때문에 주위 사람들은 견뎌낼 재간이 없다. 그런 사람은 남을 속이는 것에 아무런 양심의 가책도 느끼지 않는다. 기만을 기만으로 느끼지 않는다는 말이다.

한 샐러리맨이 부모의 유산을 물려받아 제법 훌륭한 집을 지었다. 그 집이 완성되었을 때, '이 정도 집이라면 웬만한 사람들은 속여넘길 수 있다' 라는 말을 언뜻 내비쳤다. 자기 집을 지었으니 이제부터 그곳에서 즐거운 생활을 만끽하자는 것이 아니라 그 집을 이용하여 사람들을 속일 것부터 먼저 생각하는 것이 이런 유형의 인간이다.

남을 배려하는 측은지심 따위는 전혀 없기 때문에 일단 자신이 강자가 되면 남에게 고통을 주면서까지 자기의 이익을 챙긴다.

요컨대 비참함을 무기로 삼는 것이 효과가 있을 때는 그 비참함을 무기 삼아 남에게 온갖 봉사를 강요한다. 그리고 더 이상 그럴 필요가 없게 되면 냉정하게 돌변한다.

그런 사람 중에 부하 여직원과 문제를 일으키는 경우도 많다. 가정에서는 아내에게 못되게 굴고 아이 앞에서는 항상 어두운 얼굴을 하면서도 여직원에게는 지금 비참한 결혼 생활을 하고 있다며 동정을 구한다. 자기 가족을 희생시키면서도 반대로 자기가 희생 당하고 있는 것처럼 말하며 여직원에게 접근한다.

자기애적 인간은 능란한 말솜씨로 사람을 현혹시킨다

어딘가 딱해서 동정하여 도움을 주면 '당신 덕분'이라며 입에 발린 말을 한다. 그런 사람은 교활함과 유치함을 동시에 지니고 있기 때문에 어떤 말이라도 할 수 있다. '당신 덕분이다', '당신이 있기 때문에', '당신만 있으면 무서울 게 없다', '당신과 있을 때는 안심이 된다', '당신과 함께라면 나중에 어떻게 되어도 상관없다' 등 이런 말을 서슴지 않는 사람은 상대방의 자존심을 자극하면서 착 달라붙어 의존한다. 주의해야 할 것은 이런 달콤한 말의 이면에는 항상 뭔가를 숨기고 있다는 점이다.

상사가 신입사원에게 '자네에게만은……' 따위의 듣기 좋은 말을 하면서 특별 대우를 하는 듯한 말을 한다면 이면의 수법에 말려들지 않도록 주의해야 한다.

이런 달콤한 말에 약한 사람은 어렸을 때 진정한 사랑을 경험하지 못했거나, 가족들로부터 문제아 취급을 받았거나, 혹은 지나치게 생색 내는 부모 밑에서 성장한 경우이다.

아무도 나를 사랑하지 않고, 혹은 사랑 받을 가치가 없는 인간이라고 생각하는 사람은 타인에게 '당신에게만은……'이라는 말을 들으면 기뻐한다. 스스로가 존엄성 있는 인간이라고 느끼는 사람에게는 해당되지 않는다. 그런 말로 남을 움직이려고 하는 사람은 늘 타인을 이용하는 데에 큰 의미를 두고 있는 경우가 많다.

정을 강조하는 사람은 유아적 경향이 많다고 생각하라

> 어리광을 판단하는 안목

정서적 미성숙자일수록 정을 강조한다

정에 굶주린 사람일수록 매사에 정을 강조한다.

모든 사람이 정을 중시하며 살아왔기 때문에 앞으로도 정을 중시하며 살아가겠다고 말하는 사람은 정과 유아적 의존심을 제대로 구분하지 못하는 사람이다.

자신이 정서적으로 미성숙하며 아직도 유아적 의존심에서 완전히 벗어나지 못한 것을 남들보다 정이 많다고 착각한다. 이런 종류의 사람은 진심으로 자기 스스로가 정이 많은 줄 알고 있는 사람이다.

정을 강조하는 상사는 대개 연령과 상관없이 초등학교 저

학년 정도의 아이와 정신연령이 같은 수준이라고 생각하면 틀림없다.

자신의 유아적 의존심을 정이라고 정당화하기 때문에 그런 행동들을 보고 있으면 모순인 것을 금방 알 수 있다. 이런 사람은 타인의 존재 여부는 안중에도 없다.

사람은 자신이 정신적으로 의존하는 사람의 행동으로부터 영향을 받게 되어 있다.

예를 들어 자신의 부하직원이 마음에 들지 않는 행동을 했다고 치자. 그럴 때면 그런 사람은 심하게 자존심에 상처를 입는다. 그런 마음의 고통을 '내가 그토록 생각해 주었는데 그 녀석은……' 하고 해석해 버린다.

이런 상사는 부하직원이 어쩌다 깜박 잊고 아침인사를 안 했을 때도 몹시 기분 나빠한다. 그리고 그 사람은 기분으로 일을 하기 때문에 평소에도 기분을 중시한다고 말할 것이다. 매사에 기분을 중요시하는 것은 다분히 자기중심적인 것이며 유아적인 행태이다.

또 이런 상사는 아침에 신문 갖다 놓는 여직원의 태도를 보고도 기분을 따진다. 이런 여직원의 소소한 태도에 따라 그날 기분을 운운하는 것은 그 사람의 마음의 기저에는 늘 불쾌감이 자리잡고 있기 때문이다. 그 불쾌감이 타인의 언동과 부딪치게 되면 내면의 불안함이 겉으로 표출되는 것이다.

이렇게 '정'이라든가 '기분'이라는 말로 매사를 처리하는 사람은 타인이 전적으로 기분을 맞추어 주면 기대 이상으로 만족해한다. 하지만 이런 과장된 반응은 보는 이로 하여금 불안하게 만든다. 따라서 순간적으로 기분이 좋아졌다고 해도 자연스러운 감정의 표출이 아니라 어디까지나 자신의 유아적인 의존심이 일시적으로 만족되었기 때문이 기분이 좋아진 것에 불과하다.

정을 강조한다고 반드시 인정이 많은 것은 아니다

정이나 기분 따위를 매사에 들먹이는 사람은 늘 그때그때 기분을 중시하기 때문에 어쩌다 상대방이 조금이라도 친절하지 않으면 표정이 금방 변한다. 이런 사람의 내면 깊숙한 곳에는 냉정함이 자리잡고 있다.

또 이런 사람은 마음속에는 냉정함을 지니고 있으면서도 매사를 기분에 따라 행동하기 때문에 자신이 사업가로서는 어울리지 않는다든지, 자신처럼 정이 많은 사람은 절대 정치가는 될 수 없다고 말한다. 하지만 이런 사람은 사고의 폭과 관심의 범위가 매우 좁다는 것을 알아야 한다.

이런 사람 중에는 남 앞에서 자신의 체면이 손상되면 그 경험을 두고두고 잊지 않는다. 이 사람의 언행은 늘 모순에 차 있기 때문에 상대 쪽에서 그 모순을 지적할 수도 있다.

이런 사람은 체면을 중요하게 여기는 만큼 자신의 명예가 손상 당하면 불같이 화를 내지만 타인의 명예에 손상을 입히는 것에는 무관심하다. 남에게 상처를 주어도 상처를 주었다는 사실조차 깨닫지 못한다. 이런 사람은 회사 안에서도 따돌림을 당하는 경우가 많다. 그런 사람과 오래도록 생활하다 보면 어느새 주위사람들도 그 사람이 정상적인 사람이 아니라는 걸 알게 된다.

그런 기대에 응하다 보면 자신은 성장하지 못한다

거기다 또 한 가지 특징은 이런 사람은 불만스러운 표정을 짓고 있다. 유아적 의존심으로 응석을 부리고 있기 때문에 언제나 욕구불만에 차 있다. 타인이 자신이 원하는 대로 움직여 주지 않으니 늘 불만이고, 그러다 보니 요구하는 것도 언제나 많다.

유아적 의존심을 지닌 채 자존심 높이는 것에 혈안이 되어 있는 사람에게 만족이란 있을 수 없기 때문이다. 그러다가 자신이 원하는 대로 움직여 주는 사람을 만나면 금방 그 사람에게 의존한다. 그리고 그 사람을 보고 매우 훌륭한 사람이라고 생각하며 몹시 흡족해한다. 이런 상사의 눈에 드는 날에는 그 사람은 정서적인 성숙이나 사회적인 출세도 그날로 끝장이다.

감정 표현이 요란한 사람과는 사무적으로만 사귀어라

> 뿌루퉁한 정체를 판단하는 안목

심기가 불편한 사람일수록 다른 사람의 무뚝뚝함을 꾸짖는다

'저 녀석은 정말 기분 나쁘다' 든지 '나는 그런 게 제일 싫다' 든지 하는 말을 자주 하는 사람이 있다. '정말' 이라든가 '제일' 이라든가 자기 기분을 강조하는 말이 많은 사람은 감정이 명쾌하지 못한 사람이다.

예를 들면 '저 사람은 정말 지독하다' 고 말하는 상사의 일상생활을 한번 관찰해 보면 감정이 그야말로 불안정하다는 것을 깨닫게 된다.

그것은 얼핏 들으면 매우 올바른 표현 같지만 단순한 질투심의 발로에 지나지 않는다. 상대방을 '지독한 사람' 이라고 비난하는 밑바탕에는 질투가 깔려 있기 때문이다. 이런 사람은 집념이 강하고 원한이 많은 사람이라고 할 수 있다.

또한 이런 사람은 대개 남이 안 보는 데서는 불쾌해하고 있다. 기분이 좋아도 불안정하게 발끝으로 조심조심 걷는 것 같다. 타인의 단순한 언행에도 느닷없이 기분이 나빠지기도 한다. 이는 일종의 자기 혐오이다.

특히 상사가 좋은 얼굴을 하고 있어도 부하직원이 보기에는 위태롭게 보여 주위에 있는 사람들까지 불안하게 된다. 어쩌다 기분 나쁜 표정을 짓고 있는 부하직원이라도 있으면 '어째서 자네는 그렇게 늘 찌푸리고만 있나' 하고 호통을 친다.

매사에 불쾌감을 갖고 있는 사람은 타인의 불쾌감에도 민감하기 때문에 자신의 그런 감정을 합리화하고 인정받으려 한다.

무슨 일에든 불쾌해하는 사람은 타인 의존도가 높은 사람이다. 그런 사람은 자신이 불쾌해하면서도 결코 불쾌한 이유는 말하지 않는다. 늘 남이 자신을 이해해 주기를 기대하고 있기 때문이다.

또 성인이 되어서도 애정욕구가 어린아이처럼 지나치게 많다. 그래서 남이 늘 자신의 기분을 헤아려 주기를 기대하고 있다. 게다가 자신이 좀 부족하더라도 아랫사람은 늘 훌륭하게 일처리를 해야 된다고 엄격히 요구한다.

남에게 불쾌한 감정이 있다는 것은 늘 남을 염두에 두고 있다는 뜻이다. 불쾌한 감정을 가지고 있는 사람에게서 도망치려고 하면 '일을 그렇게 만들어 놓고 시치미를 떼다니 형편없는 친구군! 정말 기가 막혀서' 하고 당치도 않은 책임 추궁을 하기도 한다.

그 사람의 불쾌함의 희생물이 되는 것은 그와 가까이에 있는 사람들이다. 가정에서는 가족들에게 못마땅한 표정을 지어도 밖에서는 정반대로 온화한 표정을 짓는다.

불쾌감이 많은 인간은 늘 남과의 감정 관계가 불안정하다. 그리고 응석이 심하고 외로움을 많이 타기 때문에 타인에게 유아적 일체감을 요구하기도 한다. 따라서 이런 사람은 남으로부터 '내겐 당신밖에 없어'라는 말을 듣고 싶어한다. 그러나 불쾌감이 많은 사람과 가까이 있는 사람은 견디어 내기가 힘들 것이다. 아무리 일을 잘해도 그 불쾌감이 사라지지 않기 때문이다.

모순된 감정 때문에 가까운 사람이 희생양이 된다

앞에서도 언급했듯이 불쾌감이 많은 사람은 상대에게 유아적 일체감을 요구하면서도 반대로 혼자 있고 싶어하는 경향이 있다. 타인과의 결합을 원하면서도 고독을 동경하는데 이런 사람은 어느 누구도 만족시켜 줄 수가 없다. 게다가 더욱 심각한 것은 이런 사람은 자신의 감정이 모순되었다는 것을 결코 인정하지 않는다.

'정말 지독한 놈'이라고 표현할 정도로 상대방을 혐오하면서도 절대 그 사람을 쓰러뜨려야 한다고는 생각하지 않는다. 이런 사람은 상대가 자신의 적이라고 솔직한 감정을 절대로 드러내지 않는다.

또 어떤 사람을 두고 지독한 사람이라든가 기분 나쁜 사람이라는 표현을 자주 쓰지만 결국은 그러한 표현이 그 사람의 전부다. 이유는 그 이상으로 자신의 감정 표현을 명확히 드러낼 수 없기 때문이다. 그런 표현밖에 쓰지 못하는 이유도 상대방의 어떤 행동이 자신을 그토록 화나게 했는지 딱 부러지게 판단할 능력이 없다.

하지만 이유를 알고 보면 매우 하찮은 것들이다. 이를 테면 차를 따르는 방법이나 질문에 답변하는 방법같은 사소한 것들이 이 사람의 불쾌감의 방아쇠가 된다. 물론 당사자는 이 원인들을 부정한다.

언제나 '정말로 나쁜 놈이다' 라고 말하는 상사는 끊임없이 울분을 품고 있다. 그런 사람을 오래 관찰해 보면 그 울분은 결국은 폭발하고 만다. 매일 매일 울분이 쌓이지만 그 울분을 어떻게 표출해야 좋을지 몰라서 '지독한 놈' 이라든가 '정말로 나쁜 놈' 이라는 식으로 말하는 것뿐이다.

감정 표현에 있어 무의미한 강조는 그 감정이 방향을 잃고 있다는 것을 뜻한다. 그러므로 '지독한 녀석이다' '정말 나쁜 녀석이다' '어처구니없는 놈이다' '그 녀석은 도저히 구제불능이다' 라는 식의 표현은 마음속에 있는 막연한 기분을 나타내고 있는 것이다. 이 막연하고 걷잡을 수 없는 기분은 늘 구체적인 표현이 아닌 무의미한 말이 되어 초조해하며 흘러나온다.

이런 구체성이 없이 강조어를 연발하는 사람은 그 이외의 표현에도 특징을 갖고 있다. 이를테면 '나는 기분을 매우 중시한다' 는 식의 애매한 말을 자주 하는 것이다. 그런 사람이 기분이라고 말하는 것은 무엇이라고 단정지을 수 없는 어설픈 감정이다. 그런 사람은 매사에 기분, 기분하고 떠들어 대지만 자신은 분명한 감정이 없다.

표현과 태도가 애매한 사람과는 거리를 두라

기분을 중시하는 사람은 때론 인위적인 명랑함으로 가장

할 때가 있는데 그 명랑함도 안정된 기반 위에 있는 것은 아니다. 따라서 그 명랑함은 이내 불쾌감으로 바뀔 수밖에 없다. '나는 기분을 중시한다'고 말하는 것은 남이 언제나 자신의 기분을 불쾌하게 만들기 때문이라는 비난의 뜻이 담겨 있다. 그런 사람은 어디까지나 그 말이 자기변호일 뿐이며, 자신의 유치함이 막다른 골목에 다다른 것이라는 점을 인정하지 않는다.

'내 말은 그런 뜻이 아니야, 나는 기분을 중시하는 거라구, 기분을!' 하며 초조해한다. 그가 말하는 기분이란 어설프고 방향을 잃어버린 전체적으로 모순된 감정이다. 그가 말하는 기분 자체가 모순되기 때문에 그는 만족스러운 기분을 느낄 수 없다.

그 명랑함은 인위적이고 만족스럽지 못한 기분을 나타내는, 말하자면 꾸며낸 명랑함이기 때문이다. 인위적인 명랑함의 원인은 잠재의식은 여전히 막연하고 암울하고 무거운 감정에 젖어 있기 때문이다.

지독한 녀석이라는 말을 자주 하는 상사는 부하직원에게도 지독한 짓을 한다고 말했는데 이유는 자신이 따로 배설할 대상이 없어서 결국은 가까운 부하직원에게 화살이 꽂히기 때문이다.

게다가 그렇게 말하는 사람은 자신이 많은 피해를 받은 듯 매사에 어처구니없는 듯이 말하지만, 사실은 그런 일로 인해 부하직원의 동정을 사고 더 나아가서는 이익을 얻으려고 하는 행위이다.

이런 언행을 일삼는 상사에게는 가급적이면 사무적으로 대하고 가까이하지 말아야 한다. 그의 응석을 받아주는 대상이 되면 아무리 온갖 정성을 다해 봉사해도 돌아오는 건 원망뿐이다. 이런 상사는 표현과 행동이 애매할 뿐만 아니라 상사로서의 자질이 없다. 늘 어설픈 감정을 갖고 생활하기 때문에 공과 사의 구별도 없다. 하지만 대부분의 사람은 상사의 이런 애매한 태도를 대단하게 생각하는 경우가 많다. 명확한 태도를 취하지 않고 애매한 태도만 취하는 것은 그가 대단하기 때문이 아니라 감정의 노예이기 때문이다.

이런 상사에게 회사의 과장이니 부장이니 하는 명쾌한 직위를 부여할 수는 없다. 그는 매사에 지나친 열등감 때문에 대단한 사람인 척하고 싶어한다. 중요한 건 회사에서는 그런 태도로 일관하는 직원에게는 전혀 기대를 걸지 말아야 한다.

야마자키 마사카즈의 ≪불쾌한 시대≫는 내가 불쾌함에 대해서 연구하고 있을 때 많은 참고가 되었다. 다만 한 가지 중요한 시점이 결여되어 있다고 생각했다. 그것은 매사에 불쾌함이 많은 사람은 '불안한 사람'이라는 점이다.

불쾌함이 많은 사람은 혼자 있고 싶어하면서도 다른 한편으로는 상대방에게 매달리고 싶어하는 이중성을 보이는 이유는 불안하기 때문이다.

어떤 의미에서는 불쾌함의 방아쇠가 자기 자신일 때도 있다. 그 때문에 누군가에 대한 불쾌함은 쉽게 자기 혐오로 변하기도 한다. 소위 불쾌함이란 한편으로는 강렬히 고독을 동경하면서 다른 한편으로는 타인과의 결합을 원하는 모순된 충동의 공존이다.

'결합을 원하는 충동'은 불안의 심리이다. 불쾌함이 많은 사람은 한편으로는 고독을 즐기면서도 또 다른 한편으로는 버림받는 것에 대한 불안을 갖고 있다. 그리고 그 불안의 원인은 상대방과의 관계를 확신하고 싶어서 상대방에게 매달리게 되는 것에 있다.

불쾌함이 많은 사람은 상대방과의 관계에 대해 늘 자신감이 없다. 그렇기 때문에 혼자 있고 싶어도 혼자 있는 것이 불안하다. 상대방과 헤어지면 그 사람과의 관계가 바로 끝날 것 같기 때문이다. 상대방과의 관계를 확신하고 싶은데 확신할 수 없기 때문에 그 곁을 떠날 수도 없다. 하지만 불안감이 없는 사람은 쉽게 상대방의 곁에서 떠날 수 있다.

야마자키도 불쾌함이 많은 사람은 타인의 불쾌함에 민감하다고 말한다. 이유는 상대방과의 관계에 자신이 없기 때문이다.

상대방과의 관계를 원하고 있는데 그 상대방이 불쾌한 마음을 갖게 되면 그 관계가 불안해지며 동시에 관계 자체가 깨질 우려가 있기 때문이다. 따라서 상대방이 늘 좋은 기분을 갖기를 바란다. 상대방의 기분이 좋으면 따라서 안심할 수 있다. 다시 말해 상대방의 불쾌함에 영향을 받는다는 것이다.

야마자키의 말처럼 불쾌함이란 상반되는 감정의 공존이다. 단지 그 근본적인 원인이 불안한 심리라는 것이다.

결단력이 없는 사람은 '맡긴다' 는 말로 도망간다

> 상대의 자신감을 판단하는 안목

자신 없는 사람일수록 안전을 추구한다

부하직원에게 '모든 걸 자네에게 맡기겠네' 라고 말은 하면서도 결국은 일을 끝까지 맡기지 않는 상사가 있다. 말로는 '맡기겠다' 고 하면서 부하직원이 일하는 것을 보고 도중에 마음에 들지 않으면 반드시 불평을 늘어놓는 타입이다.

이런 상사는 자신이 판단을 내리는 것이 두렵기 때문에 '맡긴다' 고 말할 뿐이다. 그것은 판단과 결단을 내릴 수 없어서 일에서 도망치려는 것에 불과하다. 결단을 내리는 것으로부터 도망치는 말이 '맡긴다' 는 것일 뿐, 상대방을 신뢰하기 때문에 '맡긴다' 고 말하는 것은 아니다. 신뢰해서 일을 맡기는 경우에는 도중에 그다지 참견하지 않는다. 그러나 결단을 내릴 수 없어서 맡기는 경우에는 도중에 참견을 하거나 반드시 뒤에서 불평을 늘어놓는다.

이런 상사는 사실 상사로서의 능력과 지도력에 자신이 없는 것이다. 그렇기 때문에 상사로서의 형식적인 자신감만 갖고 일에 있어서는 고집을 부리는 것이다. 그리고 일의 주도권을 상실하는 것을 무척 두려워한다.

결단을 내리지 못하는 사람은 마음에 갈등이 있는 사람이며 성장기의 과제가 미처 해결되지 않은 사람이다. 따라서 자신감도 없고 목표도 없다. 인생의 방향이 정해져 있지 않기 때문에 어찌해야 할지 모르는 것이다.

자신감이 있는 사람은 늘 새로운 일에 도전한다. 하지만 우리는 '맡긴다'는 말을 남발하는 사람을 보게 되면 그런 사람은 절대로 새로운 분야에 도전할 수 없다는 것을 알 수 있다. 자신감이 없는 사람이 중요하게 생각하는 것은 '안전'이다. 그런 사람은 모험이나 과감한 시도보다도 '안전'을 원하고 있다. 그러나 모든 일을 처리하는 데 있어서 안전만을 고수할 수는 없다. 그렇기 때문에 나중에 책임을 전가하기 위해 일을 '맡긴다'는 것이다.

자신감이 없는 사람은 안전을 추구하기 때문에 아무래도 수동적이고 정서적으로 침체되어 있고 활발하지 못하다. 자신감과 수동적인 것은 양립할 수 없다. 자신감이 있는 사람은 뭔가에 도전하고 싶어한다. 하지만 자신감이 없는 사람은 자신의 우월성을 과시하고는 싶은데 그것이 뜻대로 되지 않을 경우 기가 죽는다.

회사에서 냉철하게 판단해야 할 일이 있다고 하자. 일을 할 때 자신이 책임감을 갖고 그 일을 하고 싶어하는가 아니면 자신의 우월성을 과시하고 싶어서 그 일을 하고 싶어하는가를 따져야 한다.

자신의 우월성을 과시하고 싶어서 일을 하는 사람은 얼핏 보기에는 활동적으로 보이지만 그런 사람의 내면은 매우 수동적이다. 하지만 자신이 책임감을 갖고 일을 하려는 사람은 절대 결단을 피하지 않는다. 따라서 이런 사람은 자신이 결단을 내려야 할 일까지도 남에게 '맡기는' 짓은 하지 않는다. 자신의 일을 자신이 컨트롤하려는 사람은 자신감이 있는 사람이다. 달리 말하면 자신감이 있는 사람은 자신이 컨트롤할 수 있는 일을 하고 싶어한다.

알아서 하라는 사람은 책임감이 약하다

요즘 들어 사람들이 책임의식이 결여되었다는 말을 자주 한다. 모라토리엄moratorium 인간이 많아졌다는 뜻이다. 모라토리엄 인간이란 자신감을 갖지 못하고 삶의 기쁨을 맛보지 못하는 사람이라고 할 수 있다.

무슨 일에서든 주도자가 되기를 꺼리는 사람은 자신을 신뢰하지 못하는 사람이며, 동시에 남도 신뢰하지 않는다.

책임자로서 어렵게 일을 하고 있는 사람에게 '어리석다'고 말하는 사람은 스스로를 신뢰하지 못하는 사람이다. 젊은 시절에 이런 사람과 오래 지내다 보면 그 사람 역시 인격적인 결함을 갖게 되는데, 그 결함은 바로 자신감 상실이다.

만일 당당하게 자신감 넘치는 리더가 되길 원한다면 회사에서도 훌륭한 리더와 관계를 맺어두는 게 좋다. 이런 상사야말로 업무에 관해서뿐만 아니라 인생 전반에 대해서도 배울 점이 많다.

스스로 책임감 있게 일을 추진하는 사람은 정서적으로 매우 성숙한 사람이다. 반면에 중대한 결단을 내려야 할 때 남에게 일을 떠넘기는 사람은 미성숙한 사람이다. 매사에 부정적이고 소극적인 시각을 갖고 있는 사람 역시 인생 자체를 왜곡해서 본다. 이런 사람은 일과 후의 여가 시간 활용을 보면 알 수 있다. 이런 사람에게 여가란 삶의 재충전이 아니라 단지 현실을 잊기 위한 도피처밖에 될 수 없다.

직장생활을 하는 유형에는 스스로 조절할 수 있는 일은 책임감을 가지고 적극적으로 임하는 형, 자신의 우월성을 과시하고 싶어하는 형, 매사를 부정적인 시각으로 보는 형 등 다양하게 있다. 이런 다양함의 차이는 어떤 부분에서 기쁨을

발견하느냐이다. 자신감이 있는 사람과 자신감이 없는 사람
은 기쁨을 발견하는 점에서도 차이가 난다.

체면에 얽매이는 사람은 삶 자체를 겁내고 있다

> 상대의 모럴을 판단하는 안목

배려조차도 의심스러워지는 것은 왜일까?

'대충 떠넘겨'라고 늘 다른 사람을 속이려 하는 윗사람은, 당신을 신용하지 않는다.

어느 샐러리맨이 유산과 회사의 대출로 근사한 집을 지었다. 그 집이 완성될 즈음 그는 제일 먼저 무슨 말을 했을까? '이만한 집이면 이젠 어지간한 사람은 다 속일 수 있을 거야.'

한마디로 그의 머릿속에는 남을 속일 생각밖에 들어있지 않는 것이다.

이처럼 늘 속이려 하는 사람은 다른 사람도 자기를 속일 거라는 생각에 남을 믿지 못한다. 자기가 위험한 존재인데도 도리어 남들을 두려워하는 것이다.

의심이 많은 사람은 그 자체가 벌써 언제나 남을 속이려하고 있음을 시사한다. 자기가 세상을 거부하면서도 세상이 자기를 거부하리라는 생각 때문인 것이다.

행복한 사람은 '세상이 내게 미소 짓는다' 고 느낄 것이다. 스스로 세상을 향해 미소를 건네는 것이야말로 세상도 나를 향해 웃는다고 믿을 수 있는 힘이 아닐까. 내 마음이 슬픔으로 가득할 때는 새들의 울음소리마저도 슬프게 들리는 것과 같은 이치다.

마찬가지로 마음속으로 언제나 남을 의심하고 있다면 타인의 '배려' 조차도 '무슨 속셈이지?' 라고 의심스러워지는 것이다.

그러한 상사가 있다면 부하의 친절한 마음과 행동도 '흥, 내가 그 꿍꿍이에 속을 줄 알아. 어림없지' 라고 생각한다. 이런 사람은 체면에도 얽매이지만 모럴이라곤 한 조각도 찾아보기 어려운 차가운 타입이다.

체면에 얽매이는 사람이 왜 모럴이 없는 냉정한 사람일까?

그것은 인간의 자신감은 모럴의 승인이 있어야 비로소 생겨나기 때문이다. 자신 있는 사람 가운데는 얼핏 보아 모럴이 없는 사람처럼 보이는 경우도 있지만 알고 보면 그에게도 모럴은 있다. 부정부패로 치부를 하는 사람 가운데는 자신에 넘치는 타입도 있는데 그런 그의 모럴은 바로 '회사'라고 할 수 있다. 회사를 위한다고 하는 것이 바로 그 사람의 모럴인 셈이다.

모럴이 전혀 없는 사람은 이상할 정도로 체면에 신경 쓴다. 모럴은 자신감의 기초이기 때문인데, 자신 있는 사람은 체면에 그다지 신경 쓰지 않게 된다.

세상에는 이상할 정도로 형식에 신경 쓰는 사람이 있다. 그런 사람에겐 역시 어떠한 형태의 모럴도 없음을 느끼게 될 것이다.

사회적으로 허용된 오직汚職에서 일하는 사람일지라도 그

나름의 자신을 갖고 있다면 그는 '회사'라고 하는 모럴이 있기 때문이다. 그 증거로, 오직에서 일하는 사람 가운데는 상당한 엘리트가 있다. 직분을 남용하는 사람들 가운데는 엘리트도 있다는 말이다. 신문 같은 데서 심하게 비난하면 자신감도 사라지겠지만 처음은 대단한 자신을 갖는 경우가 많다.

여하튼 모럴과 자신감은 뗄 수 없는 관계라는 것을 기억해 두어야 할 것이다.

체면을 중시하는 것은 일을 피하기 때문이다

체면에 얽매이는 상사를 찬찬히 관찰해보라. 그럼 제일 먼저 알 수 있는 것이 있다. 어쩐지 일을 피하는 것이다. 되도록 자기 업무를 줄이려고 애쓸 것이다. 회사에서 말썽에 휘말리는 일은 최대한 피하려고 한다. 자기 업무가 줄어들면 그것으로 '잘됐다'고 생각한다. 회사 일 따위는 괜히 몸만 축나는 어리석은 짓이라고 생각한다. 게다가 열등감이 있으니까 다른 사람과 협조도 못한다. 연대감이라든지 삶의 가치가 다른 사람과 협력해서 난관을 극복하겠다는 생각 자체가 아예 없다.

자신감은 가치라든지 모럴 같은 것을 바탕으로 한다. 회사에서도 적당히 처세하고 더 넓은 의미의 공중도덕도 없다. 그런 사람은 자신감을 갖고 있지 않다. 자신이 없으니까 체면이나 형식에 신경 쓴다. 모럴이 없으니까 다른 사람을 속이는 짓도 놀랄 만큼 태연하게 해치운다.

업무는 요리조리 피하면서 '그런 일로 시간을 빼앗기는 것은 바보짓'이라는 속내를 갖고 있는 상사를 보면서 조금 비뚤어진 사원 가운데는 자칫 존경심을 품기도 한다. 하지만 그런 상사를 존경하면서 가까이 다가가도 결국 냉혹한 반응만 돌아올 뿐이다.

회사에서도 한복판에서 승부를 해보려는 사람에게는 가까이 가지 않는 편이 좋다. 자칫하면 업무에서뿐만 아니라 인생까지도 깊숙이 관여될 수 있기 때문이다.

'적당히 대충 떠넘겨'라고 말하는 상사 중에는 삶의 자신

감을 가진 사람이 없다. 그런 식으로 일하는 비즈니스맨은
삶 자체를 두려워하는 사람이다. 아무리 자신 있는 척해도
잠재의식 속에서는 스스로 자신을 경멸하고 있기 때문이다.
중요한 시기를 그런 사람과 함께 지내면서 자기 인생까지 엉
망으로 만들 필요가 있겠는가.

업무적 탐험가와 사귀면 자기도 성장한다

> 상대의 애증심리를 판단하는 안목

회사에서 월급만 받으면 만족하는가

회사에 가는 것을 월급만 받기 위해서라고 딱 잘라 말하는 사람도 있다. 그런 태도는 회사 생활을 시시하게 만들뿐 아니라 회사 외의 생활도 비뚤어지게 만든다.

철학자 마르셀은 탐구와 탐험과의 차이를 이렇게 말했다.

기술적인 분야에서 탐구라고 하는 것은 어느 지역에 어떤 금속이 있는지를 밝히려는 것으로 이때는 어떤 사물에 관심이 집중되어 다른 일은 등한시한다. 그러나 탐험가의 경우는 눈에 들어오는 모든 것을 환영하고 그 의미를 깨닫는다.

일정한 것에만 자기의 목적을 모두 사용해버리면 아무것

도 발견할 수 없게 된다. 월급만 받으면 장땡이라는 생각을 하는 사람보다는 회사를 자기 생활의 중요한 일부분으로 생각하는 사람이 회사에서도 보다 즐거운 인간관계를 유지할 수 있을 것이다. 그런 사람은 상사의 훌륭한 인격에 감동받아 계발할 기회도 생길 것이고 동료가 살아가는 태도에서도 격려를 얻을 것이다. 이러한 사람들의 만남 속에서 '아, 이런 때 이런 생각을 하면 어려움을 극복할 수 있구나' 라고 배울 수도 있다.

월급만 받으면 된다고 한정했을 경우는 회사 생활이 결코 즐겁지 않을 것이며, 게다가 참 묘한 일이지만 자유로운 분위기도 맛볼 수 없게 된다. 도리어 자기에게 있어 회사의 의미를 좀 더 자유롭게 해두는 편이 하나하나 새로운 발견도 할 수 있는 것이다.

더욱이 인간이라고 하는 것은 어떤 부분에서는 건전한데 다른 부분에서는 불건전하다는 일은 잘 없는 편이다. 회사 생활은 지극히 불건전하게 보내면서 다른 생활은 건전하게 유지한다는 자체도 어려울뿐더러 회사에서 자폐적으로밖에 지낼 수 없는 사람은 밖에서는 더욱더 폐쇄적으로 보내기 십상이기 때문이다.

회사는 월급만 잘 주면 된다는 사람의 가정이 건전하냐 하면 반드시 그렇지도 않다. 그런 사람은 가정 역시도 옹고집적인 애정으로 숨이 막힐 듯이 폐쇄적인 가정을 꾸리는 일이 많다. 회사에서 보아 탐험가적인 사람들은 가정 또한 자유롭고 개방적인 분위기인 경우가 많다.

회사에서는 월급만 받으면 된다고 한정했을 때는 마침내 스스로도 자신을 변혁해갈 자세를 잃어버리는 것이다. 따라서 그 사람은 고정되어 버린다. 회사에서는 무기력하게 있다가 집에 들어선 순간 약동적이 된다는 것은 너무도 설득력이 없지 않은가.

회사 업무나 출세를 바보 취급하는 사람은 애초 가정을 그다지 가치 있는 것으로는 생각하지 않는 것이 아닐까. 가정, 가정 하면서 떠들어대는 것은 정말로 가정에 가치가 있어서가 아니라 외부 세계에서 억눌린 자신의 가치를 가정에서만 드높이려고 하기 때문일 것이다.

회사는 월급만 받으면 된다고 하는 사람은 사실 가정에도 그만한 가치를 두고 있지 않다. 중요시하고 싶었던 것은 가정이 아니라 자신의 비뚤어진 자존심이고, 가정은 자신의 열등감을 어루만지는 수단에 불과한 것이다. 정말로 가정을 소중하게 생각하는 사람은 자신이 속한 회사의 가치도 더 높이려고 할 것이 틀림없다.

자기 부하만 특히 아끼는 척하는 상사를 주의하라

이런 상사야말로 부하가 어쩌다 자기의 이익에 협력해주지 않을 때는 철저하게 괴롭히는 타입이다. 원래 배타적인 사람을 사랑하는 상사는 인생 전반에 깊은 증오를 감추고 있다.

원래 자기에게 아첨을 떠는 사람만 극단적으로 귀여워하는 사람은 그 세계를 한 걸음만 나아가면 사회적 신용이 없는 사람일 게 분명하다. 생활 전체가 근본적으로 증오로 칠해져 있어서 타인이 아슬아슬한 경계선까지만 가면 벌써 신용하지 못하게 되는 것이다.

따라서 아무리 미소를 발산하고 친절함을 흩뿌리더라도 어쩐지 부자연스러우므로 결국 인간미를 느낄 수 없게 된다. 주위사람은 그런 사람에게 표면적으로는 온화하게 대하지만 무슨 일이 생겼을 때는 결코 행동을 같이하지 않는다. 표면상으로는 잘 조화를 맞춰주는 듯하지만 결정적일 때는 그를 신용하지 않기 때문이다.

배타적으로 자기를 사랑하는 상사의 마음속에 존재하는 증오를 똑똑히 판별할 줄 아는 사람과 그렇지 못한 사람이 있다. 열등감이 강하면 배타적인 사랑이 너무도 황송해서 판단이 흐려진다. 그리고 그런 상사의 뜻을 받아들이기 위해 아주 헌신적이 되고 그렇게 이상한 연대감이 생기게 되는 것이다. 이러한 배타적인 결합은 주위사람들이 보아 불쾌할 것은 말이 필요도 없다.

그런 상사는 아마 유아기에 입은 어떤 깊은 마음의 상처로 증오가 깊게 새겨진 것을 깨닫지 못한다. 그저 자기가 마음이 따뜻한 사람인 줄 알고 있는 것이다. 그래서 생활 전체가 증오로 범벅되어 있으면서도 애정이 넘친다는 헛소리를 내뱉는 것이다.

인간은 때로 질투를 애정이라고 헛소리한다. 자기의 사랑법이 배타적, 폐쇄적인 것은 근본을 살펴보면 증오라는 것을 알지 못하고 단지 남들보다 애정이 더 깊기 때문이라고 착각하는 것이다. 이런 사람이 어쩌다 자기 이익에 충성하지 못한 부하를 괴롭히는 방법은 또 얼마나 철저할지는 이미 충분히 상상할 수 있는 일이다. 하긴 정확하게 말하면 근본적으로 갖고 있는 증오가 그저 표면에 드러났을 뿐인 일임에도 말이다.

배타적인 사랑에는 증오라는 표현방법밖에 없기에 자기에게 도움이 되는 부하가 어쩌다 마음에 들지 않게 되었을 때는 끝까지 파멸시키는 증오를 발산한다. 그 부하와 대립관계에 있는 어떤 사람을 괜히 더 추켜세운다든지 아니면 지금까지 자기에게 바친 충성은 100% 잊어버린 채 '그 자식 때문에 지금까지 내가 고생이 이만저만 아니었다'는 식으로 여기저기 떠들어대는 것이다.

증오를 품고 있는 사람은 근본적으로 냉혹하니까 사실 두려운 존재다. 상사는 한때 충성스런 가신의 가정까지 파괴할 생각도 충분히 할 수 있을 테니까.

상대를 배타적으로 사랑하는 척하는 사람은 자기 또한 남들로부터 배타적으로 사랑받고 싶다는 열망이 있다. 남들로부터 특별한 취급을 받고 싶다는 바람이 있는 것이다.

유아는 부모의 사랑을 독점하고 싶어 한다. 마음에 이런 유치함이 남아있는 사람이 바로 상대를 사랑하는 척하는 것이다. 그리고 유아기에 부모로부터 충분한 사랑을 받지 못한 사람은 사랑하는 척하는 사람들에게는 그야말로 봉이나 다를 바 없다.

따라서 어른이 되어서도 유아성이 그대로 남아있는 사람

들끼리의 결합은, 그 결과가 서로를 증오하거나 서로를 상처 입히는 진흙탕 같은 관계로 전락하게 되는 것이다.

자기현시욕이 강한 사람은 거짓이 많음을 명심하라

> 냉혹한 상대를 판단하는 안목

거짓말을 하고도 태연한 것은 애정불만의 표시

비즈니스 사회에서 거짓말을 전혀 하지 않고 살 수는 없을 것이다. 거래를 성공시키기 위해서는 때때로 회사에 대해 거짓을 말할 때도 있을 것이고, 경리에 대해서도 많든 적든 거짓이 필요한 때도 있을 것이다. 그 밖에도 살아있는 인간인 이상 개인적인 거짓말을 할 때도 있을 게 분명하다.

사람에게는 누구랄 것 없이 감추고 싶은 부분이 있다. 상처 입기 쉬운 그런 부분을 곧바로 지적당했을 때 대개의 인간은 저도 모르게 거짓말하기 쉽다. 때로는 자기의 정직함을 입증하고자 도리어 거짓을 말하는 게 인간이기 때문이다.

하지만 대개는 거짓말을 하면 기분이 나빠진다. 어쩐지 마음이 뒤숭숭해져서 동료들과 술이라도 한잔 마시고 싶어지는 것이다. 보통은 거짓말을 하면 양심의 가책을 느껴 심리적으로 불안정한 상태가 되지만 개중에는 정말이지 태연하게 거짓말을 술술 내뱉는 인간이 있다. 공적이건 사적이건 참으로 능청스럽게 거짓말을 한다. 아무 불안도 없이 태연하게 거짓말을 하는 사람도 있다. 얼굴빛 하나 변하지 않고, 마치 날씨 얘기라도 하듯이 거짓말을 하는 것이다. 시치미를 뗀다는 말이 있지만 정말로 능청스럽게 잘 잡아떼는 사람도 있다.

이러한 사람은 절대 주의해야 한다.

금방 들킬 거짓말을 둘러대고도 아무렇지 않은 사람은 애정불만이라고 할 수 있다. 정서적으로 연령에 걸맞은 성숙이 이루어지지 않은 상태인 것이다. 그 정도로 거짓말을 한다면 당연히 자아도 뒤틀려있다. 거짓말만 한다면 그저 그 부분에 대해서만 주의하면 되겠지만 비뚤어진 자아가 거짓말이라는 형태로 표현된다면 실로 끔찍할 수밖에 없다. 그런 사람은 대단히 냉혹하기 때문에 만약 부하가 걸림돌이 된다면 가차 없이 잘라버린다. 무엇을 함께하건 남을 절대 협력자라고는 생각지 않는 유형인 것이다.

태연하게 거짓말을 한다는 것은 자기현시욕이 강하다는 표현이기도 하다. 잘 살펴보면 그런 사람은 연극 같은 행동을 곧잘 한다. 자기를 실제 이상으로 과장되게 표현하고, 또 스스로도 그렇게 믿고 싶어 한다. 자기가 잘났다는 것을 남들도 인정해주었으면 하는 것이다. 난 상사니까 대단하고 넌 부하니까 하잘 것 없다는 식이다.

정말로 대단한 사람은 굳이 잘났다고 말하지 않아도 주위 사람들이 모두 그렇게 대우한다. 그렇지만 자기현시욕이 강한 상사는 부하가 자기를 존경하지 않으면 엄청나게 기분 나빠 하면서 어처구니없는 녀석이라고 단정해버린다. 물론 근본적으로 실력도 없고 자신감도 없으니까 그렇게라도 보상

받으려고 부하의 존경을 강요하는 것이지만.

그런데 이런 상사의 또 다른 특징은 자기를 존경하는 부하는 남들에 비해 파격적으로 소중히 생각한다. 그래서 신입사원들 중에는 특별히 인정받았다는 기쁨에 들떠 상사의 인격적인 결함은 보지 못하고 마냥 빠져드는 경우도 생긴다. 상사의 연극적인 태도 속에 감추어진 냉혹한 일면을 전혀 보지 못하게 되는 것이다. 특히 자신이 열등한 위치에 있으면 상사의 기만성은 더더욱 알아보기 어려워진다.

그런 상사가 어느 순간 연극적인 오버액션으로 부모의 정을 표시한다면 주의해야 한다. 그것은 상사의 마음이 따뜻해서 부하와 어떤 우호적인 협력체재를 구축하기 위함이 아니라 단지 자기 마음의 냉혹함을 감추기 위해서 더더욱 과장된 태도를 취하는 것뿐이니까.

자기를 객관시할 수 없으면 아무 일도 할 수 없다

상사의 빈말에는 주의해야 한다. 자신을 실제 이상으로 과장하는 상사와, 자신을 실제 이상으로 보이고픈 부하는 더러 기이할 정도로 죽이 잘 맞는 경우가 있다. 그러나 이러한 관계의 성립은 부하의 정신적 성장이나 사회적 성장에 큰 어려움만 겪을 뿐이다. 빈말을 잘하는 상사와 열등감으로 연결된 부하는 자기의 참모습을 알 수 있는 기회를 잃게 된다. 그리하여 아무리 시간이 지나도 자신의 천부적 소질에 만족할 수 없게 되는 것이다. 그러다가 결국 '난 냉대 받고 있다' 는 식으로 비뚤어진 감정을 품게 된다. 그러는 와중에 또 다른 비슷한 부류를 만나 불만만 늘어놓는 미성숙자 클럽의 일원이 되고 마는 것이다. 어느 날 문득 그 사실을 깨닫는다 해도 이미 많은 세월이 흐른 뒤일 것이다. 언제나 능력 이상의 것을 체험하려 했기 때문에 과거를 뒤돌아보아도 진실로 감동적인 체험이라 부를 수 있는 것은 아무것도 없음을 깨닫게 될 것이다. 가슴에 새길 아무 체험도 못한 채 그저 나이만 먹어 이미 정년이 코앞에 닥쳐있을 것이다. 그런 후회를 피하기 위해서도 빈말만 잘하는 상사와의 관계는 단호하게 잘라야 한다.

　빈말하는 경향이 있는 상사는 자신을 객관시할 수 없으므로 무슨 일이건 제대로 해나갈 수가 없다. 그러면서 점점 더 불만만 많이 갖게 되는 것이다.

나르시스트에게는 '타인'이 존재하지 않는다

> 상대의 자화자찬을 판단하는 안목

남은 과소평가하고 자기는 과대평가하는 사람의 특징

나르시스트는 자기 안전이 위협 받으면 요란방정을 떤다. 합리적인 판단을 못하기 때문이다. 따라서 합리적으로 생각하면 아무것도 아닌 일조차 자기에게 일어나면 엄청난 일로 받아들이는 것이다. 이삼 일 자고나면 나을 병도 내일 당장 죽을 것처럼 난리를 피우는 것이다. 객관적으로 보면 가벼운 질병일 뿐인데도 자기 생각에는 대단한 중병이라도 든 것처럼 느껴지는 것이다.

나르시스트의 주장에는 객관성이 결여되어있다. 합리적으로 판단할 수 없는 객관성의 결여가 이런 사람들이 갖는 공통된 특징이다.

나르시스트가 의논거리를 들고 오면 대개의 사람들은 골치가 아파진다. 이유는 자기밖에 생각하지 않기 때문이다. 그러면서 걸핏하면 너무 냉정하다고 불평한다. 또 대단히 급한 척하지만 사실 왜 그렇게 급한지 이유도 잘 말해주지 않는다. 급한 이유를 말하지 않으면 상대는 절대 이해하지 못한다는 사실조차 생각지 못하는 것이다.

누군가를 만나러 가야한다면 그저 빨리 가겠다는 생각뿐이지 상대의 시간은 어떤지 전혀 고려대상이 안 된다. 자기에게 쉬운 일은 상대에게도 쉬운 일이 되어버리고 자기에게 힘든 일은 상대에게도 힘든 일이라고 생각해버리는 것이다. 자기와는 다른 사정을 가진 사람이란 아예 존재도 하지 않는 것이다.

게다가 타인의 현실이 자기와는 다르다는 것도 상상 못한다. 자기가 병이 들면 제일 중요한 현실은 오로지 자기가 병이 들었다는 그 사실뿐인 것이다. 그에게 존재하고 있는 것은 자기가 병이 들었다는 사실과 빨리 낫고 싶다는 원망뿐이다. 다른 일은 전혀 눈에도 들어오지 않는다. 그렇기 때문에 가벼운 병에도 그토록 요란을 떠는 것이다.

회사 건강검진에서 정밀검사의 필요성이 있다는 말을 듣게 되면 벌써 암이라도 선고받은 것처럼 머릿속이 헝클어지면서 쇼크를 받다가, 검사결과가 좋게 나오면 그야말로 구사일생 같은 극적인 감동을 맛본다. 하지만 나르시스트가 아닌 사람은 정밀검사가 필요하다는 말을 듣는다 해도 '이 나이쯤에는 어딘가 안 좋은 곳도 있겠지'라고 태연하게 받아들일 수 있는데, 그야말로 그릇의 차이라고 할 수 있다.

자기 병에 그토록 요란을 떤 사람은 반대의 경우에도 마찬가지로 소란스럽다. 이를테면 자기 업적은 아무리 작은 것일지라도 아주 큰 공훈이라도 세운 양 느끼는 것이다. 아마 그때 내가 없었다면 이 회사는 망했을 거라고 스스로 도취된다. 그런데 조사해보면 본인만 자화자찬하고 있을 뿐이지 그당시 진짜로 활약한 사람은 정작 따로 있는 경우가 많다.

즉, 이런 일에서조차도 합리적인 판단이 결여되어 있는 것이다. 플러스든 마이너스든 그가 하는 말은 객관성이 결여되어 있는 것이다. 무조건 남이 한 일은 과소평가하고 자기가 한 일은 과대평가해버리니까. 게다가 자기에 대한 객관적인 평가는 악의적인 공격이라고 받아들이면서 분개한다. 자화자찬하면서 교만해 있으므로 남들의 평가에 분노하는 것도 어찌 보면 당연한 노릇이지만 복수심도 대단하다. 자기를 그렇게 평가한 사람은 미워서 죽이고 싶을 정도여서 상대가 파멸할 때까지 있는 힘을 다한다. 이렇게 대단한 복수심을 불태우는 격노 외의 또 다른 반응형태는 우울을 들 수 있다. 어느 쪽이든 결코 태연하게는 받아들이지 못하는 편이다.

타인은 그저 자기상찬의 수단일 뿐이다

이러한 인간이 부하의 노력을 정당하게 평가할 수 있겠는가?

10이라는 일의 9까지를 부하가 해도, 그는 자기가 9를 했고 부하는 1만 했다고 생각한다. 오로지 자아만 존재하는 타입이니까.

그런데 이렇게 말하고 나니, 이런 상사들은 아무리 노력해도 부하의 노력을 정당하게 인정해주지 않는다고 생각하겠지만 반드시 그렇지는 않다. 모든 나르시스트가 지금까지 쓴 것처럼 제멋대로 굴지만은 않을뿐더러 때로는 대단히 겸손한 태도를 취하기도 하기 때문이다. 그렇지만 이들의 겸손은 진짜 겸손이 아니라 스스로의 예의바름을 예찬하는 또 다른 도취에 지나지 않는다. 보기에는 겸손이 분명하지만 어디까지나 자기와 남에게 보이기 위한 겸손일 뿐이라는 말이다.

겸손한 태도를 취하든 거만한 태도를 취하든 타인은 늘 자기를 상찬하기 위한 수단에 지나지 않는 것이다. 남의 말은 절대 신경 쓰지 않는다. 그저 자기 언동에 대해 어떤 반응을 보이느냐로 타인의 의미를 찾을 따름이다.

따라서 친절할 때도 있다. 물론 이것도 어디까지나 자기상찬을 위한 친절이다. 그러니 겸손하든 친절하든 항상 부자연스럽다. 부하들이 이런 부자연스러운 태도를 감지할 수 있는 능력이 있으면 다행이겠지만 간혹 신입사원 중에는 이런 부자연스러움을 특별한 신선함으로 받아들이면서 헌신을 다하는 이도 나오는데, 결과적으로는 결코 자기의 노력을 평가받을 수 없음을 알아야 한다.

4장

나를 더욱 성장시키기 위해 주의할 점

한 가지 실패로 전체를 판단하지 말라

> 자신의 약점에서 달아나지 말 것

과거의 실패에 연연하지 말라

무슨 일이든 금방 낙담하는 사람은 아주 사소한 일에도 민감하게 반응하는 사람이다. 조금이라도 불리한 일을 당한다든가 작은 불행에도 지나친 반응을 보이며 극단적인 판단을 한다.

우울증적인 사람은 극단적인 판단과 절대적인 판단을 내리는 경향이 있다. 사소한 실수를 두고도 만회할 수 없는 실패처럼 판단하는 것은 우울증적인 사람에게서 흔히 볼 수 있다. 이와 같은 우울증적인 사람은 끝내 모든 일을 거절하고 매사에 무관심해진다.

미국에 있을 때 매우 행복해 보이는 여자에게 '요즘 어때요?' 하고 물었더니 '직장이 없는 걸 제외하고는 모든 게 순조로워요' 라고 대답했다. 그리고 그녀는 우리를 자기 집으로 초대해 주었다. 이런 일은 우울증적인 사람에게서는 찾아볼 수 없는 태도이다. 우울증적인 사람은 실직했을 때 그 일이 계기가 되어 자신의 인생 자체가 암울해진다고 생각한다. 실직이라는 사실 한 가지가 전체적인 기분을 좌우해버리는 것이다.

이런 걸로 봐서 우울증적인 사람은 대수롭지 않은 일을 가지고도 전체적인 상황을 우울한 쪽으로 몰고간다고 할 수 있다. 즉 깊은 무력감에 빠지는 이유가 이렇다할 결정적인 계기가 있는 것이 아니다. 자신이 장기적으로 세운 목표가 일시적인 암초에 부딪혔을 때 그것을 극복하지 못하고 장벽이 되어 깊은 절망의 나락으로 떨어지는 경우가 있다.

순간적으로 불행하다고 말하는 것도 주관적인 판단에 기인하는 경우가 많다. 단지 목표를 달성하는 것만이 자기 인생 전체의 행복이라고 생각하고 목표 달성에만 집착하기 때문에 불행해지는 것이다.

우울증적인 사람과 그렇지 않은 사람과의 차이는 같은 일을 두고도 어떻게 해석하는가에서 차이가 난다. 다시 말해 우울증적인 사람은 그렇지 않은 사람과 똑같은 실패를 경험해도 그 실패한 경험에 지나치게 과장된 의미를 둔다. 그리고 이런 우울증적인 사람은 사소한 실패를 중심으로 언제까지고 그 주변을 맴돈다.

자신의 경험에 대한 비뚤어진 평가, 자신의 가치에 대한 비뚤어진 평가, 장래에 대한 비뚤어진 평가 등, 다양한 문제의 원인은 바로 그런 비뚤어진 평가 때문이다. 과거의 실패를 뒤로해야 하는데도 그 실패만을 근거로 자신을 평가해 버린다.

비즈니스맨 중에도 '난 기껏해야 과장이 되는 게 고작이다' 는 식으로 말하는 사람이 있다. 과거의 경험으로 자신을 평가해 놓고 제멋대로 자신의 장래를 제한한다. 그런 사람은 미래에 대해 비관적인 가정을 세워놓고는 피할 수 없는 일이라고 믿는다.

우울증적인 사람도 한때나마 꿈을 가졌던 때가 있다. 그러나 한때의 그 꿈이 활력을 주기보다는 오히려 초조함을 가져다준 것이다. 지나친 목표를 세움으로써 정신적으로 휴식을 취할 수 없게 만든 것이다.

하나의 사실로 전체를 판단해서는 안 된다

우울증에 잘 빠지는 사람에게는 몇 가지 특징이 있다. 첫째는 자신이 불안한 이유를 개인적인 탓으로만 받아들이는 것이다. 이를 테면 전체적인 불황으로 실직을 하게 되었는데도 단지 자신의 무능력 때문이라고 생각한다. 이런 식으로 매사에 자신감을 상실하다 보면 어떤 일에든 의욕이 저하된다.

우울증이 있는 사람은 실업이라든가 실연이라는 그 자체에 대해서 괴로워할 뿐만 아니라 이로 인해 자신 속에서 새로운 결점을 찾아내고는 그 일로 또 괴로워한다. 자신의 결함을 찾아내고 그 결함에 의하여 자신의 다른 기능마저도 마비시켜 버리는 것이다.

직장에서 자신의 상사와 손발이 맞는 경우도 있고 그렇지 않은 경우도 있다. 그것은 자신의 탓도 아니고 상사의 잘못도 아니다. 우연한 것일 뿐 두 사람에게 특별히 이유가 있는 것은 아니다. 그런데도 '나는 능력이 없다'든지 '나는 이 일이 적성에 맞지 않는다'는 식으로 해석해 버린다. 누구에게나 얼마든지 있을 수 있는 일인데 자기 탓으로 여기고 확대해서 판단하기 시작한다.

이런 식으로 매사를 해석하게 되면 누구도 세상을 살아갈 수가 없다. 그 원인이 설령 사실일지라도 자신의 전체적인 능력과는 분명히 다를 것이다. 그러나 한 번 그런 일에 휘말리게 되면 거기서 벗어나지 못하고 자신의 훌륭한 점을 깨닫지도 못하는 경우가 있다.

다시 말해 이런 사람은 대수롭지 않은 어떤 한 가지 일로 전체를 판단해 버린다. 어쩌다 동료 직원에게 전화를 걸어서 뭔가를 권유했을 때 상대방이 '바쁘다'는 이유로 거절을 하면 '그는 나를 좋아하지 않는다'는 식으로 확대해서 판단해 버린다. 그리고 의욕을 잃고 사람을 기피하기 시작한다.

부하직원에게 함께 한잔 하자고 제안했을 때도 거절을 당하면 순간 자신의 리더로서의 자질을 의심한다. 부하직원이 지금 자신의 일로 바빠서 다음으로 미루었을 뿐이라고 생각하지 않는다. 자신의 리더로서의 자질과는 상관없는 일시적인 일이라고 해석하지 않는다.

일본에서는 4월이 되면 이따금 신입사원의 자살 기사를 접하게 된다. 기억에 남는 한 가지 예로, 광고회사에 취직한 지 이틀 만에 자살한 사건이 있었다. 그는 출근 첫날에는 계약을 성사시키지 못했고, 둘째 날은 일요일이고, 셋째 날은 감기로 결근했다. 그리고 나흘째 되던 날, 출근길에 전철에 뛰어들어 자살을 했다.

이 광고회사에는 열 명의 신입사원이 입사했다. 그중 한

명이 첫날 계약을 성사시키지 못했다는 이유로 스스로 목숨을 끊어버린 것이다. 첫날 계약을 성사시키지 못했다는 사실에 대해서 나머지 신입사원은 '뭐, 첫날이니까' 하고 느긋하게 생각했을 것이고, 자살한 사람은 이 사실에 중대한 가치를 두고 '나는 틀렸어' 라는 극단적인 판단을 내렸을 것이다. 물론 이 사람은 매우 꼼꼼하고 완벽주의자였을 것이다. 이런 사람은 순간의 작은 일도 큰 실패라고 여기고 자신의 삶 전체를 붕괴시켜 버린다.

만약 이 사람이 자살을 하지 않고 계속 직장생활을 했더라도 첫날의 실패에 계속 얽매이게 될 것이다.

과거의 실패에 얽매여 자살할 가능성이 높은 사람은 계약을 성사시키지 못한 것을 개인적인 문제와 결부시켜서 해석한다. 계약을 성사시키는 일이 어렵다는 것을 당연한 일이라고 여기고 이제 더욱 분발해야겠다고 생각하지 않고 '계약이 성사되지 않은 이유는 전적으로 나의 내성적인 성격 때문이다' 라고 해석하고는 자신의 숨어있는 다른 결함을 하나둘 찾아내고 결국에는 그 일이 자신에게 맞지 않는다는 극단적인 판단을 내리게 된다. 그리고 결국은 자신을 죽음으로 몰고 간다.

자신의 약점을 장점으로 전환시킬 수 있는 부분이 분명히 있을 텐데 자신의 약점만 부각시키다 보니 그 부분을 절대시해버린 것이다.

자신이 내성적인 성격이라면 자신의 내성적인 성격을 인정하면 된다. 물론 그 내성적인 면이 어렸을 때부터 자리잡고 있었다면 분명 유아기적인 의존성향이 있을 것이다. 내성적인 성격 자체가 원인은 아니다. 때로는 일에 따라서 내성적인 성격도 살아가는 데 무기가 될 수 있다. 모든 것을 있는 그대로 인정하는 것도 살아가는 방법이 될 수 있다.

능력 불안을 해소하는 사고방식

> 사실은 객관적으로 해석하라

승진우울증은 이렇게 해서 생긴다

어느 샐러리맨이 승진을 했다. 그는 유능하고 일도 잘했다. 그런데 그는 이 승진을 계기로 우울증에 빠졌다. 과음을 하게 되고 수면제를 복용하게 되었다.

그는 승진한 것에 심한 압박감을 느꼈던 것이다. 그는 평범한 성공으로는 만족할 수 없었다. 남들보다 더 크게 성공하지 않으면 만족하지 못하는 사람이었다. 그런 그의 성향이 승진 자체를 압박감으로 바꿔놓은 것이다. 이런 압박감을 가지고 그는 정신과 상담을 받기에 이르렀다.

그는 사실 능력이 있었다. 그럼에도 스스로를 다그쳤다.

지나친 성공의 욕구 때문에 오히려 성공을 했을 때 자신이 과연 그 승진에 어울리는 능력이 있는 인간인지 두려워했다. 승진은 했지만 과연 이 높은 직위에 어울리는 능력을 갖고 있는지에 대해 자꾸 생각하는 것이었다. 그는 이것을 '업무상에서 오는 압박'이라고 변명하지만 업무상에서 오는 압박이 아니라 스스로 만들어 낸 압박에 지나지 않는다.

이런 직위에 대한 집착이 바로 직위 상실에 대한 두려움으로 나타난다. 그리고 직위를 상실하면 안 된다고 생각하며 매일 스트레스를 받는다.

이런 것은 일 자체에서 오는 압박감이 아니라 그 직위에 대한 집착이 만들어 낸 소산물일 뿐이다. 그리고 끝내는 '이 일은 나만이 할 수 있는 일이다'고 느끼게 되면서 언제나 더 많은 일을 해야 한다고 생각한다.

자신의 능력 부족에 대한 불안을, 겉으로는 자신만이 그 일을 할 수 있고 그 직위에 어울리는 능력을 갖고 있다고 과시하려고 한다. 능력을 과시하려고 하면 할수록 속으로 자신의 능력에 대한 불안감은 커지고 스트레스는 퇴적된다. 그리고 이 증상이 심해지면 결국은 모두가 자신을 쫓아내려는 것은 아닐까 하는 망상에 빠지게 되고 적에게 점령당하고 있다고 생각하고 주위를 경계하기 시작한다. 그러면서 주위가 자신을 위협한다고 생각한다. 자신이 만들어 놓은 세상에 스스로를 갇히게 만들고도 말이다.

성공했을 때 자신의 성공에 그만큼의 가치가 있는지 의심해 보는 건 분명 자기 자신이다. 그러나 이런 것을 따지기 전에 자신은 무능력한 인간이라고 자기 멋대로 이미지를 만들어 놓고 그 일로 고통 받는 우울증 환자가 있다. 회사는 과장능력이 없는 사람에게 과장이라는 직위를 주지는 않는다. 그리고 과장이 될 만한 실력이 없으면 과장이 될 수 없다. 그러나 우울증에 걸린 사람은 이런 사실은 무시한다. 그저 자신에게는 능력이 없다는 생각에만 사로잡혀 있다.

자신이 근무하는 빌딩에서 화재가 나도 옆의 빌딩에서 사고가 난 것처럼 냉정하게 행동하며 자신을 구원하는 사람도 있는가 하면, 반대로 옆 빌딩에서 일어난 사고를 마치 자신의 빌딩에서 화재라도 난 것처럼 반응하며 스스로를 죽음으로 몰아넣는 사람도 있다. 승진으로 인해 우울증이 걸린 샐러리맨은 자신이 승진했다는 사실을 두고 냉정하게 받아들이지 못한 것이다.

예를 들어 승진을 계기로 우울증에 걸린 샐러리맨이 '아침에 눈을 떠도 도저히 일어날 마음이 들지 않는다'고 말한다. 그러나 사실은 그렇지 않다. 여느 아침처럼 가볍게 자리를 박차고 일어날 수 없을지는 모르지만 그러나 '전혀' 일어날 마음이 없는 것은 아니다. 처음부터 '도저히' 일어날 마음이 들지 않은 것이 아니라 새로운 업무에 대한 부담감 따위가 머뭇거리게 한 것이다. 보통사람일수록 누구나 새로운 일을 앞두면 그 일에 대한 부담감과 설렘 때문에 아침에 눈을 뜨면 조금 막막할 것이다.

그렇다고 새로운 일을 두고도 오래 잠자리에서 머뭇거릴 수는 없지 않은가. 사고방식을 바꾸지 않으면 행동도 바뀌지 않는다. 따라서 기분도 바뀌지 않는다.

내가 넘버원이라는 생각이 중요하다

미국의 어느 성공한 세일즈맨은 '나는 넘버원이다' 라고 항상 말한다고 한다. 그렇게 입 밖으로 말하고 방에다가는 문구를 붙여 놓고 스스로에게 용기를 불어넣는 것이다. 세일즈를 하다 보면 거절 당하는 일이 많다. 하지만 그럴 때마다 '나는 틀렸다' 라고 자신감을 상실하면 아무 일도 할 수가 없다.

누구든 자신의 인생에서 자기가 '넘버원' 이다. 우울증에 걸릴 것 같은 사람은 자신에게 맞는 다른 글을 써서 책상 앞에 붙여놓아 보자. 아침에 눈을 뜨면 바로 볼 수 있는 곳에 붙여놓도록 한다. 그리고 그것을 보고는 금방 자리를 박차고 일어나는 것이다.

우울해지거나 자신감을 잃었을 때는 육체적인 건강에도 주의해야 한다. 육체적으로 건강하지 않은 것과 자기평가 저하는 밀접한 관계가 있다는 것을 잊지 말아야 한다. 술을 마셔도 자신감 상실은 해결되지 않는다. 그런 방법은 건강을 해치고 문제를 더욱 가중시킬 뿐이다. 자신감을 상실하고 어떻게 해야 좋을지 모를 때는 일찍 자고 일찍 일어나서 적당한 운동을 하며 기분전환을 해보는 것도 중요하다.

승진을 계기로 자신감을 상실하고 우울증 상태가 되어 버린 샐러리맨은 매일 아침 '나는 내 실력으로 과장이 되었다. 나는 과장이다' 라고 말해 보는 것도 좋다.

불안감을 갖고 있는 사람은 무슨 일이든 멋대로 결정해 버린다. 자신에게나 타인에게나 자신의 생각을 그대로 믿어 버린다. 이미 틀렸다고 믿어 버리는 것은 무서운 일이다.

이름은 기억나지 않지만 어느 실업가는 '나는 백 살까지 살 수 있다' 라고 말했더니 정말 건강해졌다고 한다. 운동선수들도 트레이닝으로 달리기를 할 때 흔히 '파이팅! 파이팅!' 하면서 소리를 지른다. 그것은 소리를 지르기 때문에 건강해지는 것이지 건강하기 때문에 소리를 지르는 것은 아니다.

　모든 일이든 객관적으로 생각해야 한다. 자신의 선임자도
업무가 그렇게 수월하지는 않았을 것이다. 하지만 그 자리를
감당해 낸 것이다. 그리고 자신이 책임자가 되었을 때는 불
안하지 않았는지, 또한 업무에 익숙해지니 그 일이 따분할
정도로 쉬운 것은 아니었는지, 그런데도 그 일에 겁을 내지
는 않았는지 그런 것들을 객관적으로 생각해 보면 알 수 있다.

약점에 대한 견해를 바꿔보라

> 자기를 못나게 만드는 것은 바로 자신이다

사실을 왜곡해서 해석하지 말라

지금까지의 설명에서 보면 어떤 '사실'이 자신의 자존심에 상처를 입히는 것이 아니라 그 사실에 대한 자신의 해석이 스스로에게 상처를 입히고 있다는 것을 알 수 있다.

'사실' 때문에 영향을 받는 것이 아니라 그 사실에 대한 해석이 결국은 자기 마음에 영향을 준다는 것을 잊지 말아야 한다. 그리고 '내게 있어서 사실이란 무엇인가?'를 확실히 깨닫는 것이 중요하다.

앞에서 언급한 신입사원의 일만 해도 그것은 분명 자살을 할 정도의 일은 아니었다. 그런데 왜 자살을 했을까? 그를 죽음으로 몰고간 것은 계약을 성사시키지 못했다는 사실이 아니다. 그런 사실에 대한 해석이 그를 죽인 것이다. 죽음으로 몰고간 이유에 대해서 생각해 볼 때 자신의 최대의 적은 다름 아닌 자신이라는 것을 알 수 있을 것이다.

1960년 로마 올림픽 대회의 마라톤에서 우승한 맨발의 마라토너 아베베는 이디오피아의 영웅이 되고, 이디오피아 황제는 아베베의 영광을 축하하며 보석 반지를 하사했다. 아베베는 자기가 반지를 갖고 있는 한 패배할 리가 없다고 생각하며 달렸다. 이 경우에도 반지 자체가 아베베에게 용기를 불어넣어준 것이 아니라 아베베의 용기가 다른 경기에서도 승리를 하게한 것이다.

아놀드 베이커가 쓴 ≪스포츠 심리학≫이라는 책 속에 약점을 극복한 다양한 예가 있다.

후랭크 붓드는 세계에서 가장 빠른 달리기 선수였으나 어릴 때 유행성 소아마비에 시달린 적이 있다고 한다. 그러나 그는 그것을 극복해 냈다. 그의 장딴지 근육이 위축되어 있었지만 끝없는 연습과 극기로 소아마비인 다리를 세계 제일의 다리로 만들었다.

그레인 큐닝햄은 1930년대의 최고 선수였으나 어렸을 때 두 다리에 큰 화상을 입고 다시는 걸을 수 없다는 선고를 받았다고 한다.

아놀드 베이커는 '약점은 극복할 수 있지만 늘 자존심을 지켜야 한다는 점에서 일종의 낙차落差를 수반한다'고 말한다.

그러나 나는 그렇게 생각하지 않는다. 만일 자존심에 상처를 입었다면 자신이 '화상을 입었다는' 사실을 인정하지 않았을 것이다. 또 자신의 치명적인 약점에 대해서 사람들이 자신을 경멸한다고 해석할 수도 있다.

사람은 누구나 약점을 갖고 있다. 그리고 일반적으로 약점을 극복하기보다는 그 약점이 자신의 자존심에 심한 상처를 입힌다고 해석한다. 이는 마치 시큼한 레몬을 달콤한 포도처럼 억지로 사실을 왜곡해서 해석하는 것이다. 약점을 숨기고 부정하는 것은 마치 시어빠진 레몬을 달콤하다고 해석하는 것처럼 현실을 외면하는 것이다. 레몬은 시고 포도는 달다는 현실에서 눈을 돌려서는 안 된다. 시어터진 레몬은 달콤한 포도와 마찬가지로 존재의 타당성을 갖고 있다는 해석이 중요한 것이다.

약점을 인정하는 데에 가장 어려운 점은 아마도 자신의 존재에 대한 문제일 것이다. 다시 말해서 남보다 자신이라는 존재의 타당성에 대해서 확신을 갖느냐 아니냐가 문제가 되는 것이다.

있는 그대로의 자신을 받아들이면 안도감이 생긴다

흔히 말하듯이 열등하다는 것과 열등감은 다르다. 열등하다는 것은 인정해도 열등감을 갖지 않는 사람도 있다. 다시 말해 자신이 열등하다는 것을 인정한다는 것은 이미 열등감을 극복했다는 뜻이다.

열등한 자신을 받아들일 수 있는 사람은 열등감을 갖지 않는다. 그것은 이미 열등한 부분을 인정할 수 있는 자신감이 형성되어 있기 때문이다. 이런 사람은 열등하다는 것은 인정하면서 그런 자신이 존재하는 이유의 타당성에 대해서는 의심하지 않는다.

그렇다면 부모가 화를 잘 내고 열등감이 심한 경우에 그런 부모 밑에서 자라는 아이는 어떻게 될까. 이런 경우 아이는 단지 부모의 기대 때문에 무조건 출세해야 된다고 마음먹는다. 즉, 자신이 뭐든지 뛰어나야 부모가 인정해 줄 것이라고 믿는 것이다. 이런 아이는 성장하면서 심한 열등감을 갖게 된다. 다시 말해서 그 아이에게 열등하다는 것이 인정되지 않은 상태에서 바로 열등감으로 자리잡고, 그 열등감으로 인해 심지어 존재이유가 위협받게 되는 것이다. 여기서 열등하다는 것이 존재의 타당성에 대한 신뢰를 무너뜨렸을 때 바로 열등감으로 변질되는 것이다.

자아기반은 이렇듯 자기 존재의 타당성에 대한 신뢰이다. 매사에 편안함이나 안도감을 느끼지 못하는 것도 이 자기 존재의 타당성에 대한 신뢰가 결여되었기 때문이다.

자아기반은 취약하면서도 공격적인 성향이 되는 것은 열등감에 사로잡힐 가능성이 많은 사람이며, 아예 뒤로 물러서는 것은 무기력하기 때문이다. 무기력, 무관심, 무책임, 무감동 등으로 매사에 의욕이 없는 사람과 열등감 때문에 불안정하여 과격하게 행동하는 사람은 늘 동전의 양면처럼 공존한다. 그리고 양쪽 모두 실제의 자신에게 절망하고 있으며, 현실의 자신과 직면할 용기가 결여되어 있다.

열등감이 있는 사람은 자신의 본질을 알려고 하지 않는 사람이다. 그리고 매사에 의욕이 없는 채로 자기 자신에게 절망하고 있다. 또한 절망하면서 응석을 부리기 때문에 자기 자신을 극복하지 못하는 것이다.

아무튼 이런 사람은 스스로에게 자신감을 잃은 채 끊임없이 타인의 평가에만 의지하여 살아가려고 한다. 따라서 타인의 요구에 대해서는 주체성이 상실된 채 뭐든지 yes라고 말해 버리는 사람에게 필요한 것은 자기 기반이다.

어떤 사실을 받아들이는 방법, 해석하는 방법 등이 올바른 것인지 아닌지 다시 한 번 생각해 보아야 한다.

≪패닉의 심리≫라는 책에 이런 예가 나와 있다.

1973년 가을 긴자에 있는 야마하 호텔 2층에서 불이 났다. 4층 로비에는 200여 명의 손님이 있었다. 그런데 로비의 안내를 맡은 직원은 '지금 옆 빌딩에서 사고가 났습니다. 만약의 위험을 대비하여 손님들께서는 모두 밖으로 나가 주십시오' 라고 말했다. 손님들은 연기도 못 본 채 우왕좌왕하면서 계단을 내려갔다. 안내원은 손님들이 무슨 말을 물어도 그저 '아무튼 사고가 난 것 같습니다' 라고만 말했을 뿐이다. 그리고 위기일발의 상황에서 손님들을 구해 냈다.

이 직원이 만일 이런 때에 '불이야!' 하고 먼저 소란을 피웠다면 분명 대형 참사가 일어났을 것이다. 하지만 호텔 직원의 기지로 손님들이 침착했기 때문에 화재 속에서도 살아날 수 있었다. 공포에 떨며 행동했다면 살아남을 수 없었을 것이다. 단지 화재 때문에 죽는 것이 아니라 화재로 인한 공포감이 사람들을 죽이는 것이다. 이처럼 우리는 스스로의 공포심에 의하여 자신을 죽이는 경우가 있다. 우리는 두려워해야 할 것만 두려워해야 한다.

우리는 눈에 보이지도 않고 있지도 않은 실체를 두고 두려워 할 때가 많다. 그리고 인간은 공포 앞에서 늘 두려워한다. 어쩌면 공포는 인간의 본능인지도 모른다. 그러나 이 공포에 너무 억눌려 정당하게 두려워하는 경우는 드물다.

비밀을 만들면 인간관계가 깨진다

> 오로지 나만이 나를 구원할 수 있다

내게도 젊은 날 비밀이 있었다

우리는 흔히 사실을 두고 잘못 해석할 때가 있다. 그리고 일단 해석을 잘못하면 점점 그 잘못된 해석이 또 다른 문제를 더 크게 만들어 버린다. 또 나중에 치명적인 결과를 초래하는지도 모르고 우리는 흔히 어떤 사실에 대하여 해석을 잘못하고는 그 사실을 은폐하려는 경향도 있다.

나는 고등학교 2학년 때 시험공부를 하는 데에 있어서 어떤 능력을 매우 중요하게 생각했다. 수학을 잘하느냐 못하느냐, 영어를 잘하느냐 못하느냐, 그리고 짧은 시간 동안 공부해서 큰 효과를 보는 것을 매우 멋진 능력이라고 생각했다.

겉으로는 그런 능력 따위는 별것 아니라고 말하면서 내심 그런 능력을 부러워했다.

짧은 시간 공부를 하고도 성적이 좋은 친구에게는 열등감을 갖고 있었다. 그는 언제나 놀기만 하는 것 같은데 시험을 보면 성적이 좋게 나왔다. 나는 그런 그 친구의 능력을 동경했다. 그리고 나에게 그런 능력이 없음을 한탄했으며, 동시에 나도 그런 능력이 있는 것처럼 보이고 싶었다.

시험 공부를 하면서도 겉으로는 놀고 있는 것처럼 행동하기도 하고, 정말 놀고 있을 때는 그런 사실을 퍼뜨리고 다니기도 했다.

하지만 인간이란 스스로에게는 정직한 존재이다. 남을 속일 수는 있지만 좀처럼 자신은 속일 수 없다. 남들에게는 시험 공부를 하지 않고 놀고 있다고 말하지만 본인에게는 정작 그런 멋진 능력이 없다는 것을 잘 알고 있다. 그리고 남들에게 놀고 있는 것처럼 행동하면서 자신의 능력 부족을 숨기려고 하다 보면 정말 그런 능력이 가치 있는 것처럼 여겨지기도 한다.

일부러 숨기려고 하지 않으면 시험 능력 따위는 그다지 중요하게 여겨지지도 않겠지만 그런 사실을 숨김으로써 중요한 것처럼 생각된다. 자신의 능력 부족을 숨김으로써 더욱더 그런 능력이 중요하게 여겨지는 것이다. 따라서 능력이 부족하다는 것을 숨기면 숨길수록 스스로를 가치 없는 인간이라고 생각하게 된다. 뭔가를 숨기게 되면 별것도 아닌 일이 대단한 것처럼 여겨진다. 나도 시험 능력이 없다는 것을 숨기려고 했다. 그러나 그 일로 인하여 스스로를 더욱 가치 없다고 느끼고 있었다.

그런 일로 한동안 열등감에 시달리다가 어느 날 마음을 가라앉히고 친구에게 편지를 썼다. 나는 공부를 열심히 하는데도 성적이 나쁘며, 그렇게 많이 놀고 시험 공부도 안 하는데 성적이 좋은 친구에게 열등감을 느낀다는 내용의 편지였다.

친구에게 숨기지 않고 모두 털어놓자 훨씬 마음이 편해졌다. 그리고 그때까지 무엇보다도 중요하다고 여겼던 시험 공부에 관한 능력도 중요한 것들 중 일부분일 뿐이라고 생각하게 되었다. 편지를 씀으로써 쓸데없이 과대평가했던 능력을 정당하게 평가할 수 있게 되었다. 그러자 불필요하다고 느꼈던 열등감이 완화되었다.

하지만 만일 그 편지를 보내지 않았다면 나는 점점 더 열등감에 빠졌을 것이다. 나의 능력 부족을 숨겼기 때문에 그런 능력이야말로 인간의 가치를 결정하는 것이라고 착각하고 있었던 것이다.

사실을 숨기면 두 가지 마이너스 결과를 초래한다

미국에서 있었던 일이다. 한 여성이 연애를 했다. 그런데 연애를 하기 전까지는 별로 대수롭지 않게 여겼는데 갑자기 자기 부모가 이탈리아인이라는 것이 신경 쓰였다. 미국인 중에도 물론 가문을 중시하는 사람들이 있다. 그래서 그녀는 연인에게 부모가 이탈리아인이라는 사실을 숨겼다. 그리고 될 수 있으면 부모에 대한 화제를 피했다. 다행히 부모님은 그녀와 멀리 떨어져 살고 있었기 때문에 연인이 부모님을 만날 기회는 좀처럼 없었다. 그러나 연인에게 자기 부모가 이탈리아인이라는 것을 숨기는 순간부터 그녀는 갑자기 그런 사실이 큰 결점으로 여겨지기 시작했다. 되도록 부모에 관한 화제를 피하려고 하다 보니 자기 부모의 국적이 연애에 장애가 된다고까지 생각하게 된 것이다. 그러면서 언젠가 그 사실이 발각되는 것이 아닐까 늘 두려웠다. 그리고 다른 사람으로 인해 그 사실을 연인이 알까 봐 신경이 쓰이기도 했다. 결국은 그런 일을 숨김으로써 자기도 가치 없는 인간이라는 생각이 더욱 강해졌다.

인간은 누구에게나 남들이 건드리지 않았으면 하는 부분이 있다. 물론 뭐든지 속속들이 드러내 보일 필요는 없다. 그러나 일부러 숨기는 것은 그 사람의 성격과 가치관을 비뚤어지게 한다.

그런데 나는 앞에서도 언급했듯이 친구에게 편지를 보냈고, 또 답장을 받고는 깜짝 놀랐다. 친구의 편지 내용은 나와 같은 취지였던 것이었다. 내가 친구에게 경멸 당할까 봐 두려워하고 있었듯이 그 친구 역시 내게 경멸 당할까 봐 두려워했던 것이다. 뭔가를 숨기게 되면 첫째로 그 숨기고 있는 일이 대단한 일처럼 생각된다. 그리고 또 다른 오해가 생기는 것이다. 내게 능력이 없다는 것이 알려지면 친구는 나로부터 멀어질 것이라고 멋대로 생각하는 것이다.

그녀도 마찬가지였다. 만일 그녀가 자기 부모에 대해서 사실대로 말했다면 아마 헤어지는 상황까지는 가지 않았을 것이다.

가장 가까운 사람에게 진짜 자기 모습을 숨기면서 살아간다는 것은 불행한 일이다. 어쨌든 현실에 직면해서 살아가는 것이 가장 행복하기 때문이다. 그녀가 자기 부모가 이탈리아인이라는 사실을 털어놓았을 때 또 한 가지 생각할 수 있는 경우는 그녀의 연인은 그 일을 대수롭지 않게 여길 수도 있다는 것이다. '그래서 그게 어쨌다구?' 라고 그 연인은 말할지도 모른다. 그렇게 되면 그녀는 제멋대로 자기 부모를 자기 사랑의 장애로 결정해 버린 것이 된다.

멋대로 자신을 상처주지 말라

주위사람들은 대수롭지 않게 생각하는데 멋대로 '모두 나를 경멸하고 있다'고 단정하는 경우가 있다.

주위에서는 아무렇지도 않게 생각하는데 '어차피 나 같은 건 모두가 바보 취급 할 거야'라든가 '난 다 알아. 모두들 나 같은 건 상대도 해주지 않으리라는걸' 하는 식으로 말해버리는 사람이 있다. 그야말로 제멋대로 결정을 내리고 스스로를 상처 입히는 것이다.

이렇게 되면 주위사람들도 어찌해 볼 도리가 없다. 주위에서 어떻게 행동하느냐가 문제가 아니라 스스로 멋대로 사람들의 언행을 해석해버리는 데 문제가 있다.

'좋아. 어차피 모두들 나를 싫어할 테니까'라고 말하는 사람일수록 남들로부터 호감을 사고 싶어하는 사람이다. 하지만 자신의 생각과는 반대로 행동함으로써 스스로 인간관계를 망쳐버리는 것이다.

내가 젊었을 때 열등감을 갖고 있으면서도 친구에서 편지를 보내지 않았다면 어떻게 되었을까. '녀석은 내가 별로 능력이 없다는 것을 알면 틀림없이 나를 경멸할 거야'라고 멋대로 결정해버렸을지도 모른다. 그리고 그에 대한 불안으로 견딜 수 없어하고 끝내는 친구를 경멸했을지도 모른다. '녀석은 언제나 자신이 능력 있다고 우쭐대고 있다'고 생각했을지도 모른다. 그리고 다른 친구와 함께 험담을 늘어놓으며 그 친구를 비난하는 것으로 스스로를 위로했을지도 모른다. 그 친구가 한마디한 것을 문제 삼아 '네 본심은 역시 능력 제일주의였어'라든가 '치사한 녀석'이라든가 '도량이 적은 놈'이라는 식으로 비난했을지도 모른다.

열등감이 심하면 심할수록 타인의 대수롭지 않은 한 마디에도 스스로 상처를 입는다. 부모의 국적을 숨긴 그 여성은 인종문제가 화제에 오를 때마다 자신의 연인을 필요 이상으로 비난했으며 마침내 그 연애는 깨져버렸다.

어떤 일을 숨기는 것은 관계를 틀어지게 하는 첫걸음이다. 남의 말에 상처를 받았을 때 잊지말아야 할 것은 결코 남이 자기를 상처 입히는 게 아니라는 것이다. 자신의 열등감 때문에 스스로가 상처를 받는 것이지 남이 상처를 주는 주체는 아니라는 것이다. 스스로의 열등감이 남의 말에 반응을 한 것뿐이다. 만일 자신에게 열등감이 없다면 남의 그 어떤 말도 자신의 내부에 아무런 반응도 일으키지 않을 것이다.

상처를 받고 괴로워하고 있을 때 그 괴로움은 자신 이외의 그 누구도 해결해줄 수 없다.

자신이 스스로를 상처 입히고 자신이 스스로를 바보 취급하는 것이다. 그러므로 고통을 멈추게 하려면 스스로가 자신을 바보로 여기지 않는 것 외에는 달리 방법이 없다.

타인을 비난하기보다 자신의 행동을 바꿔라

> 자기 내면의 욕구불만을 알라

상대를 깎아내리면서 기뻐하는 비난의 심리

어디나 마찬가지겠지만 샐러리맨의 세계에는 비방과 중상이 끊이지 않는다. 그것은 일시적인 비방이나 중상이 가장 간단한 고민해결 방법이기 때문이다. 비난을 하면서 상대방을 자기 수준으로 끌어내리는 것은 자기가 상대방의 수준까지 올라가는 것보다 훨씬 간단하다. 그래서 우리는 어릴 때부터 주위에 대해 비난하는 것에 익숙해 있다.

부모들대에 대해서는 흔히 시대에 뒤떨어졌다고 말한다.

'아버지는 시대에 뒤떨어졌어요' 라는 식으로 비난하는 경우를 이따금 TV드라마에서도 볼 수 있다. 어머니가 뭔가 아이에게 주의를 주면 지금은 시대가 변했다고 하며 순순히 말을 들으려고 하지 않는다.

동서양을 막론하고 이런 식으로 부모를 비난하는 일은 비일비재할 것이다.

그렇다면 비난의 이유는 무엇일까.

아마도 아이들은 자신들이 좀 더 부모에게 인정받고 싶기 때문일지도 모른다. 자신이 원하는 것만큼 부모가 자신을 인정하지 않는 것에 화가 나서 부모에게 '시대에 뒤떨어졌다'는 식으로 말하는 것이 아닐까. 요컨대 '시대에 뒤떨어졌다'고 어른을 비난하는 것은 실은 어른에게 자기 자신이 더욱더 인정받고 싶다는 표현이기도 하다.

남을 비난하는 경우에는 정말로 남에게 분노를 느껴서 비난을 하는 경우와, 자신의 욕구불만에서 남을 비난하는 경우가 있다.

이런 경우는 어린 시절뿐만 아니라 나이가 들어서도 마찬가지다. 나이든 여성들 중에는 지나치게 젊음에 가치를 두는 사람이 있다.

예를 들어 나이든 어떤 여자가 파티 석상에서 젊은 여자와 함께 있었다고 치자. 그러면 그 나이 든 여자는 그 젊은 여자의 옷차림을 두고 '취미가 고상하지 못하다' 든가 '옷차림이 야하다' 든가 '색상에 대한 센스가 없다' 는 식으로 깎아내린다.

물론 그 젊은 여자 앞에서 직접 하는 게 아니라 제3자에게 하는 것이다. 만약 자기 남편이 그 젊은 여자와 이야기라도 하는 날에는 발칵 뒤집어진다. 집에 돌아오면 틀림없이 그 여자는 '당신은 시간만 있으면 여자에게 추파를 던지는 남자' 라든가 '당신은 불결하다' 든가 '당신은 어쩜 그렇게 바람기가 많으냐' 는 식으로 남편을 비난할 것이다.

그녀가 그처럼 남편을 비난하는 것은 그녀의 비정상적인 가치관에 원인이 있는 것이지 남편 쪽에 원인이 있는 것은 아니다.

또 그녀는 멋대로 젊음에 가치가 있다고 굳게 믿고, 그것이 자신에게 없다는 것에 불안을 느낀다. 물론 그녀도 자신의 가치관이 모순된다는 점에 대해 고민하면서도 남을 비난하는 것이다. 그리고 가치 있다고 여기는 상대방을 자신의 수준까지 끌어내리려고 한다.

어떤 샐러리맨은 걸핏하면 남을 '무식하다'거나 '교양이 없다'는 식으로 비난하곤 했다. 그런 식으로 항상 비난을 일삼던 그 샐러리맨은 결국 노이로제에 걸리고 말았다.

그는 왜 그렇게 비난을 했을까.

그 이유는 자신이 먼저 존경을 받고, 자신의 지식이나 교양 따위가 남들에게 어필할 수 있는 유일한 것이라고 생각하고 있었기 때문이다. 결국 그는 좀 더 남에게 존경을 받고 싶었던 것이다. 이 역시 어릴 때부터 공부, 공부라는 말만 들으면서 자랐으며 그러는 사이에 공부를 잘하는 것만이 주위에서 따뜻하게 받아들여질 수 있는 조건이라고 굳게 믿었던 까닭이다.

비난해서 얻어지는 것은 아무것도 없다

그에게는 주위로부터 존경을 받고 남들로부터 인정받을
수 있는 유일한 조건은 지식을 많이 소유하고 있는 것이었
다. 그렇게 믿게 되자 그는 끊임없이 자신의 지식이 그 정도
로 충분한지 어떤지 불안해서 견딜 수가 없었다. 그래서 부
족한 지식을 먼저 채우기보다는 타인을 무식하다고 비난하
는 것으로 자신의 불안을 해소하려고 했던 것이다.

그러나 이런 이유에서 타인을 비난하다 보면 자신만 더욱
불안해질 뿐이다. 남을 무식하다고 비난함으로써 한층 더 자
기 지식의 한계에 부딪히는 것이다. 그리고 결국은 그 불안
으로 인해 노이로제까지 걸리게 된다.

이런 사람들의 착각은 더없이 간단하다. 자신이 주위에서
따뜻하게 받아들여질 수 있는 조건을 잘못 해석하고 있었던
것뿐이다. 여자의 가치는 젊음에만 있는 것은 아니다. 또한
남자의 가치는 지식의 양 따위가 아니다. 그런데 그렇게 착
각하고 그렇게 생각하고 행동하는 사이에 그렇게 믿어버리

게 된 것이다. 그리고 남에 대한 비난으로 그 불안은 더욱 증폭된다.

만일 누군가를 비난하고 싶어진다면 자신이 그 사람을 비난해야 할 진짜 동기가 무엇인지 스스로에게 물어보라. 타인을 비난하는 것으로 자신의 근사함을 증명하려고 한다면 누구든 노이로제의 노예가 될 수 있는 첫걸음을 내딛는 것인지도 모른다.

남을 비난함으로써 얻는 것은 무엇인가. 이유는 단 한 가지, 자신을 향상시켜야 함에도 불구하고 그렇지 못하고 있기 때문이다. 물론 현재 행복하다면 몰라도 그렇지 않다면 불행한 자신을 바꿀 수 있는 기회를 비난으로 상실한 것이라고 할 수 있다.

자신을 지키기 위해서 남을 비난하는 사람은 수동적인 사람이다. 앞의 예를 다시들자면 파티 석상에서 젊은 여자와 자리를 함께했다는 것이 그 여자에게 도전으로 작용한다. 그녀는 젊은 여자의 출현으로 갑자기 불쾌한 기분이 되었던 것이다.

그러나 그녀를 괴롭히는 것은 그 젊은 여자가 아니다. 그 사실에 대한 그녀의 반응이 자신을 괴롭히는 것일 뿐이다. 그 사실 자체가 문제가 아니라 그 사실을 해석하는 그녀 자신의 문제이며 그 해석에 반응하는 방법의 문제인 것이다.

그녀가 수동적이라는 것은 그녀가 단순한 하나의 사실에 매우 영향을 받고 있다는 것으로 알 수 있다. 이런 여자는 젊은 여자와 함께 있으면 늘 불쾌해진다.

어떤 사실 자체가 고민이나 공격의 반응을 일으키는 이유는 그 사람에게 열등감이 있기 때문이다. 자신감의 결여는 일정한 사실에 대하여 자동적으로 부정적 반응을 불러일으킨다.

자신을 바꾸려고 하지 않는 사람일수록 자기비난이 많다

사람에게는 '나 같은 놈은 구제불능이야'라든가 '어차피, 나 같은 건 안 돼' 등, 다양한 자기비난이 있다. 이런 말은 얼핏 들으면 겸손하게 들리겠지만 '어차피 나 같은 건' 이라고 말하는 것은 겸손이 아니고 이런 식의 자기비하를 하면서 우선 일시적으로 자신의 무능을 무마하려는 의도이다. 그 다음은 남으로부터 동정을 기대한다. '어차피 나 같은 건' 이라든가 '나 따위 여자가' 라고 말하면서도 '그렇지 않다' 든가 '정말 안됐다' 는 식의 말을 기대하고 있는 것이다. 직접 동정을 구하는 대신에 '나 따위' 라는 식으로 자기비난을 하고 있는 것이다.

일시적으로 책임을 회피하는 것은 모든 것으로부터 달아나는 것이다. 도전을 회피하기 위하여 '어차피' 라고 자신을 정당화하는 것에 불과하다.

자기비난이 심한 사람은 우울해지기 쉽다. 우울한 듯한 표정을 짓고 있는 사람은 타인으로부터의 동정을 구하려는 것이다. 타인을 비난하는 경우나 자신을 비난하는 경우는 모두 자신이 변하는 것을 회피하려는 것이다. 태도를 바꾸는 것 외에는 어려움을 극복할 방법이 없는데도 그것만은 어떻게

든 피하려고 하는 것이 이런 종류의 사람들의 심리이다.

노이로제에 걸린 사람은 자신이 변하는 것을 거부한 사람이다. 카사노바 같은 사람도 자신은 변하지 않고 상대방을 변하게 하는 것으로 자신을 구원하려고 했던 사람이다. 흔히 카사노바로 불리는 사람이 있다. 항상 사랑의 대상을 바꾸는 사람을 가리키는데, 물론 정도의 차이는 있겠지만 모든 남자의 마음속에는 이런 카사노바 기질이 조금씩 들어 있는지도 모른다.

그러나 이런 남자가 결코 정열적인 남자는 아니다. 하지만 흔히들 자신을 정열적인 남자로 착각하고 있다. 그렇지만 카사노바로 불리는 남자는 오히려 만성적인 실망에 시달리고 있는 불쌍한 남자라고 해야 할 것이다. 정열적인 남자라기보다 정열이 없는 남자이다.

우선 이런 카사노바는 정신이 건강하지 않다. 그렇다면 이런 사람의 문제는 무엇일까. 그것은 '접근의 어려움'이다. 자신이 추구하는 어떤 것이 손에 들어오기 전까지는 그것을 가치 있는 것으로 여긴다. 그러나 일단 원하던 것을 손에 쥐게 '되면' 이미 그것에 대해서 가치를 느끼지 않는다. 그는 자신이 원하고 있었던 여자, 즉 그 사람 자체에 가치를 느끼고 있었던 것이 아니다. 극단적으로 말하면 어떤 대상을 손에 넣으려고 했을 때 뜻대로 되지 않을 때에만, 즉 자신이 획득하기 힘들 때에만 비로소 끌리게 되는 것이다.

이런 카사노바형은 그 여자가 자기 것이 되기 전까지는 매우 친절히 대한다. 그러다 일단 여자를 손에 넣게 되면 그때는 안심이 되어 애정이 식어버린다. 이 여자에게서 저 여자에게로 차례차례 옮겨다니며 사랑을 하지만 그것은 여자를 사랑했다기보다 일시적인 자기만족을 추구하다가 차례로 실망만 맛보았다고 하는 편이 옳을 것이다. 그리고 정작 본인은 자신의 인격적인 결함을 알지 못하고 자신에게 맞는 여자가 없다고만 생각해 버린다.

유행가 중에 '그는 나를 너무 많이 알아버렸어요. 너무도 나를……' 하는 가사가 있다. 그리고 '바보 같은 나'라는 가사도 있다. 그러나 이 여자가 바보인 것은 결코 자신을 허용했다는 것이 아니다. 만성적인 실망으로 고민하는 인격 결함자에게 연애 감정을 가질 수도 있다. 다만 인격적으로 문제가 있는 남자에게 끌리는 여자도 인격적으로 결함이 있다는 게 문제이다.

그 유행가에는 '사랑은 끝났네, 비밀이 사라졌으니' 라는 가사도 있었다. 이런 사랑은 정서적으로 미성숙한 인간의 사랑이다.

그렇다면 이 같은 카사노바의 인격적 결함은 무엇일까. 그것은 그의 마음 깊은 곳에 자신의 가치관이 불분명하다는 점에 스스로 시달리고 있다는 것이다. 간단히 말하면 나이에 어울리는 마음의 안정과 자신감을 갖고있지 않다는 뜻이다.

모든 일에는 본질적인 가치와 시장가치가 있다. 본질적인 가치란 그것을 손에 넣기 쉬운 것이냐 어려운 것이냐와는 상관없이 그것 자체가 갖고있는 가치를 말한다.

상대방의 결점에 대해 알았다고 해도 그로 인해 상대방에 대한 애정이 식지 않는 사람은 자기 가치관의 문제로 고민하지 않는다. 그런 사람은 정신적으로 건전하게 성장해 온 사람이다. 경제적으로 궁핍했느냐 유복했냐는 둘째 문제이고 정신적으로 부모의 혜택을 받은 사람이다.

그에 비해서 경제적으로는 유복해도 욕구불만에 가득 찬 부모 밑에서 자란 사람은 이런저런 정신적 결함을 갖게 된다. 그것이 바로 열등감이며 가치관의 결핍이다. 이런 사람일수록 이 사람에서 저 사람에게로 옮겨다니며 사랑을 하고, 원하던 사람을 손에 넣고나면 바로 실망한다. 그런 사람은 마음 깊은 곳에서 삶의 허무함에 시달리고 있다.

그런 사람은 무슨 일에서나 자신이 손에 넣고싶은 것에 가치를 둔다. 남이 갖고있는 것은 뭐든지 가치 있는 것으로 생각한다. 옆집의 잔디가 더 파랗다든지 남의 떡이 더 커 보인다는 식의 이유를 대고 있지만, 아무튼 그런 사람은 자신의 것은 늘 불만족스럽고 남의 것이 더 가치 있어 보인다.

이런 사람은 자신에 대한 애정도 없다. 자기혐오에 빠져 있는 사람이다. 외국에 나가면 어느새 외국의 물건들은 전부 좋아보이고 자기 나라 물건들은 하나같이 형편없다고 생각해 버린다. 그러고는 다 사서 들어올 수 없는 자신의 능력에 대해 혐오하게 된다.

정도의 차이는 있지만 남자들은 모두 카사노바 기질을 웬만큼은 갖고 있다. 그러나 자신의 경우는 너무 심하다고 느낀다면 자신과 자신이 자란 환경의 왜곡된 가치관을 반성해 볼 필요가 있다. 자신이 지금까지 존경해왔던 사람이 정말로 훌륭한 사람인지 아닌지, 그 사람이야말로 자신에게 비뚤어진 가치관을 심어 준 장본인은 아닌지 따져보아야 한다.

레인은 ≪광기와 가족≫에서 '우리는 장애를 가진 인간에 대해서는 임상용어를 갖고 있지만 장애를 주는 인간에 대해서는 표현할 만한 용어를 갖고있지 않다'고 말했다.

내가 주장하고 싶은 것은 인간 중에는 남에게 장애를 주는 사람이 있다는 것이다. 사람들은 이런 사람과 사귀면서 자신의 마음을 병들게 한다. 그런데 무서운 것은 이 정신적인 장애를 주는 사람을 받는 쪽에서는 존경하고 있다는 점이다.

고프만이라는 미국의 심리학자가 '자신의 세계를 활기차게 만드는 데에 타인을 이용하는 것만큼 유효한 방법은 없다'고 말했는데 나는 그 말에 공감한다.

어떤 사람이 스스로의 힘으로 자신의 세계를 활기차게 만들지 못할 때, 그 해결책의 빠른 방법으로 타인을 희생양으로 삼는 것이다. 정신적으로 자식에게서 떨어지지 못하는 부모나 지배적인 성향이 강한 사람이 그 전형이다.

No라고 말할 수 없으면 자신의 느낌마저도 왜곡된다

> 자기 삶의 주인이 되라

이론만으로는 삶을 지탱할 수 없다

왜 저 상사나 동료에게 분명히 No라고 말하지 못하는 것일까? 왜 열등감이 강한 사람은 죄책감이 큰 것일까? 왜 마음 속에서 극복의 어려움을 느끼며 괴로워하는 것일까? 그리고 그런 것들을 해결하려면 어떻게 하는 것이 좋은가?

이런 것들을 확실히 알지 못하면, 그런 사람과 가까이 지내는 것이 좋지 않다는 것을 알면서도 그런 사람에게 비굴하게 행동하는 경우가 있다.

그러다가 동료나 상사로부터 결국은 '이용하기 쉬운 인간'으로 낙인찍혀 이용 당할 만큼 이용 당하고 가볍게 취급

받는다. 또 그와는 반대로 신뢰가 느껴지는 성실한 상사나 동료들에게는 동료로서 받아들여지지 않는다.

위대한 음악을 들었을 때 사람은 자기 안에 있는 어떤 면을 깨닫게 된다고 한다. '아아, 나는 이런 사람이었던가' 하고. 말로는 확실히 표현할 수 없지만 어쩐지 자신을 이해할 수 있을 것 같은 기분이 든다는 것이다. 다시 말해 나라는 사람도 음악을 듣고 감동할 줄 아는구나 하는 생각 따위이다.

감동은 자신의 존재를 깨닫게 해 준다. 위대한 예술을 접해도 대자연의 품에 안겨도 아무것도 느끼지 못한다면 그 사람은 영혼이 비어있는 것이다. 예술이나 자연 등 그 무엇도 자신을 감정을 해방시켜 주지 못한다는 것은 내면에 감동할 능력이 상실되었다는 증거이다.

예술과 자연은 우리의 내면을 해방시켜 주고 동시에 우리의 내면에 감동할 수 있는 능력을 키워 준다. 우리에게 삶의 단서와 그것을 지탱할 수 있는 힘을 주는 것은 대지에서 따로 떨어져 나온 이성理性이 아니다. 뮈토스(사물을 관념적·이론

적이 아닌 설화적·현상적으로 표현하는 양식) 없이 로고스(만물을 통일하는 법칙, 또는 그것을 인식하는 이성)만으로 세상을 살 순 없기 때문이다.

아름다운 것을 보아도 아름답다고 실감하지 못하는, 감정이 희박한 사람을 흔히 볼 수 있다. 이런 증상을 이인증이라고 하는데 그 어느 것에 대해서도 생동감 있는 감동을 느끼지 못하는 사람이다.

위대한 예술작품을 접해도 감동을 느끼지 못하고, 대자연의 품에 안겨도 활력을 느끼지 못하고, 밤의 정적 속에서도 자신이 무엇인지 분명히 느끼지 못하는 사람은 내면에 공포를 갖고 있는 사람이다. 뭔가에 대하여 공포를 갖고 있는 사람, 뭔가에 대해서 겁을 내고있는 사람은 자신의 실체를 모르는 사람이다.

또 지금 자신이 무엇을 하고 싶은지 알지 못하는 사람 역시 마음 깊은 곳에 공포를 키우고 있는 사람이다. 이런 사람은 부모의 평가를 두려워하고 세간의 이목을 두려워한다. 이런 두려움 때문에 마음이 채워지지 않고 그 이외의 모든 것에서 자신을 느낄 수 없는 것이다.

그런 사람은 밤의 정적 속에서 혼자 조용한 시간을 갖는 것도 좋다. 밤의 정적 속에 있으면 자신에 대해서 뭔가 분명해지는 것이 있다. 자기 안에 있는 끝없는 증오, 혹은 자신도 깨닫지 못했던 눈물을 흘릴 정도의 한없는 애정 등, 밤의 정적은 그처럼 자기 본연의 모습을 돌려주는 역할을 한다.

그리고 자기 내면에 있는 사랑이라든가 증오를 깨닫지 못하거나, 두려워서 혼자서 자신과 마주설 수 없는 사람은 자신이 그 누구와도 마음을 열고 심정을 토로할 커뮤니케이션 상대를 갖고있지 않다는 것을 깨달을 필요가 있다. 자신의 마음속 깊은 곳을 그 누구에게도 열어보일 수 없다고 여기거나, 혹은 그 대상이 없다고 생각하는 사람이 자각할 대목이다.

누구에게도 자신의 마음을 털어놓지 못하는 사람은 늘 마음이 편치 않다. 이런 사람은 무엇인가로부터 도피하고 있는 것이며, 뭔가를 일부러 의식하지 않으려고 하는 것이다. 한 마디로 말해서 현실적인 문제에 대처할 수 있는 용기가 없는 것이 마음이 편치 못한 원인이다. 자신의 내면에 뭔가 극복하기 힘든 것을 느끼고 있는 사람은 언제나 마음이 편치 않다. 그런 사람은 매사에 무기력하고, 겁을 내며 불안해한다. 이런 사람이 주시해야 할 부분도 스스로의 내면세계이다.

No라고 말하지 못하는 이유

일을 서둘면서 '큰일났다, 큰일났어' 하며 부산을 떠는 사람이 있다. 그런 사람을 보고 있으면 분명히 바쁜 것 같지는 않다. 하지만 그 사람이 '큰일이다, 큰일이야' 하고 부산을 떠는 것은 스스로 그렇게 하는 편이 정신적으로 즐겁기 때문이다. '나는 바빠서 그 일을 못 하겠습니다' 하고 분명히 거절하는 것보다는 일을 맡는 편이 오히려 육체적으로는 힘들지만 정신적으로는 즐겁기 때문이다.

그런 사람은 상대방과의 관계가 깨질 수 있다는 것에 두려

위하고 있다. 상대방의 요구를 거절하거나 기대를 저버리는 것이 정신적으로 괴롭다. 왜냐하면 관계가 깨질지도 모르기 때문이다. 그러므로 육체적으로는 다소 힘들더라도 상대방의 기대에 부응하여 존경을 받고 싶기 때문에 기꺼이 일을 떠맡는다. 상대의 기대를 저버리는 인간으로 여겨지는 것이 두려운 것이다.

나도 너무 바빠서 정신까지 이상해질 정도일 때가 있었다. 귀가는 새벽 3, 4시가 보통이었다. 아침 일찍 집에서 나오는 비정상적인 생활이 몇 년이나 계속되었다. 지금 생각해 보면 나도 역시 거절로 상대방을 실망시키기보다는 바쁘고 힘들더라도 일을 마치고 끝까지 상대방의 호의를 사는 게 더 낫다고 생각했던 것이다.

그러나 그렇게 거절해야 할 때 거절하지 못하면 오히려 남에게서 멀어지고 두려워진다. 그리고 미움을 살까봐 No라고 말하지 못하고 Yes라고 말함으로써 결국은 더 힘들어진다. 미움을 받는 것이 싫어서 No라고 말하지 못할수록 점점 사람이 두려워지는 것이다.

그러나 간혹 No라고 분명히 말해야 할 때가 있다. 동료의 부당한 부탁에 반드시 No라고 해야 하는데 그렇지 못한 경우가 있을 것이다. 동료로부터 따돌림 당하는 것이 두렵기 때문이다.

하지만 동료들로부터 따돌림 당하는 것이 두려워 본의 아니게 어떤 일을 하게 되면,

그 일로 인하여 또 다른 따돌림을 당할까 봐 두려워진다. 이것은 갈증이 날 때 소금물을 마시는 것과 같다. 다소 마음이 불편하더라도 No라고 말해야 한다고 판단될 때에는 분명히 말하는 것이 사태 해결에 도움이 된다.

자신 속에 극복하기 힘든 뭔가가 있다는 것을 분명히 자각할 수 있는 사람은 스스로가 자신의 주인이 될 수 있는지 생각해 볼 필요가 있다. 아마도 자기 자신의 주인이 될 수 없는 사람은 뭔가 정체를 알 수 없는 죄책감에 시달리고 있는 것임에 틀림없다. 스스로의 주인이 되는 것은 결코 나쁜 것이

아닌데 왠지 죄책감을 느끼는 것은 그만큼 자신이 없다는 것이다.

내 인생의 주인공이 되면 죄책감이 사라진다

기뻐해야 할 일을 두고 기뻐하지 못하고 도리어 죄책감을 느끼는 것은 분명 감정에 문제가 있는 것이다. 정확히 말하면 누군가의 요구에 잘못된 반응을 하면서 살아온 것이며, 그로 인하여 감정표현이 비뚤어진 것이다.

주위의 요구에 No라고 말하지 못하고 그저 받아들임으로써 자신의 감정을 왜곡해버린 것이다. 그렇게 주위의 부당한 요구에 언제나 굴복해왔기 때문에 No라고 말하지 못하는 습성은 더욱 강화된다.

우리는 부당한 요구에 굴하면 굴할수록 No라고 말하는 것에 강한 죄책감을 느낀다.

정체를 알 수 없는 죄책감은 여기에서 생겨난다. Yes라고 말하며 상대방의 부당한 요구에 굴복해 버리지만 그렇게 말함으로써 자신 속에서 상대의 요구에 거절하고 싶은 것이 있음에도 No라고 말해서는 안 된다고 규범 지어버린다.

결국은 상대의 기대에 부응하는 자기만을 만들기 시작하고 끊임없이 죄책감에 시달리게 된다. 상대의 부당한 요구에 No라고 말할 수만 있다면 상대의 부당한 요구를 받아들여야 한다는 약한 자신을 만들지 않아도 되는데도 말이다.

우리는 종종 내키지 않아도 상대의 요구를 받아들이고 그에 따라 행동하면서, 그 요구를 거역해서는 안 된다고 생각한다. 상대의 요구에 따라 행동하면서 그 요구를 규범화해버리는 것이 인간의 심리이다.

인간은 때로 자신의 행동이 이상하다고 여기면서도 얼마든지 합리화하는 존재이다. 그리고 잘못된 상황임에도 불구하고 다음에 같은 경우를 만나더라도 똑같은 오류를 범하기도 한다.

정신과의사인 조지 웨인버그는 '인간은 어떤 상황에서 어떻게 행동해야 한다는 결론을 얻은 후에도, 금세 잊어버리고 같은 결론을 되풀이해서 내린다'고 말한다.

한 번 부당한 결정을 내리게 되면, 비슷한 상황이 나중에 벌어졌을 때에도 같은 방식을 따르지 않으면 그 일로 죄책감을 느끼게 된다는 것이다.

자기에게 최선을 다하는 데서 새롭게 시작할 수 있다

> 진짜 어른이 된다고 하는 것

부자연스러운 사명감, 비정상적인 윤리의식의 배경

열등감이 강한 사람은 죄책감도 강하다. 열등감이 강한 사람에게는 타인의 평가가 중요하다. 열등감이 강하기 때문에 상대방으로부터 미움 받는 것이 싫은 것이다. 또 열등감이 강하기 때문에 때론 허세를 부리고, 남의 부탁을 받아들이는 것을 자아의 고양高揚으로 생각하고, 그 밖에 여러 가지 일에서도 상대방의 요구에 굴복하는 경향이 있다.

싫으면서도 왠지 상대방의 말을 따르는 것을 윤리적인 것처럼 느낀다. 이 두 가지 충돌이 죄책감을 낳는다.

열등감이 강한 사람이 부자연스러운 사명감을 갖고있거나

비정상적인 윤리의식을 갖는 것도 이 때문이다. 그런 사람은 남의 대수롭지 않은 행동을 세차게 비난한다. 타인의 행동을 자신의 내면적 갈등의 속죄양으로 삼아 호되게 몰아세우는 것이다.

남의 대수롭지 않은 행동을 상식에서 벗어난 행동처럼 몰아세움으로써 갈등의 괴로움에서 일시적으로 벗어나려고 하는 것이다. 남의 행동을 윤리적으로 몰아세우면 그 동안만은 자신이 윤리적으로 용서받은 기분이 들고 마음의 갈등으로부터 해방되는 것처럼 생각되기 때문이다.

그래서 열등감을 갖고 있는 사람의 윤리적 행동에는 일관성이 없다. 어느 부분에서는 남의 이기적인 행동을 심하게 비난하면서도 또 다른 부분에서는 남의 이기적인 행동 자체를 인식하지 못하는 경우도 있다.

열등감으로 뭉쳐있는 한 남자의 예이다. 그는 상대를 속이거나 남의 것을 훔치고도 태연했다. 그런 그가 애완견을 기르는 친구를 상식 밖의 인간인 것처럼 비난하는 것을 본 적이 있다. 이 사람은 애완견이 다른 사람에게 폐를 끼치는 것에 대해서 전혀 반성을 하지 않는다고 하면서, 심지어 부도덕한 놈은 죽여버리는 편이 낫다고까지 비난의 말을 퍼부었다. 애완견을 기르는 것이 그토록 죽을 죄란 말인가.

이와 같은 정신적 균형과 일관성의 결여는 열등감을 갖고 있는 사람들의 윤리의식을 지배한다. 그것은 윤리를 자신의 마음의 갈등에서 벗어나는 수단으로만 사용하기 때문이다.

사랑받기 위해 남을 즐겁게 하려는 사람은 노예이다

인간에게는 퇴행의 기쁨과 성장의 기쁨 두 종류가 있다. 남에게 동정을 받는 기쁨이나 병에 걸려 남으로부터 소중하게 여겨지는 것에 대한 기쁨 등은 퇴행의 기쁨이다.

또한 자기보다 강한 사람에게 아첨하면서 그 사람을 기쁘게 해주려는 사람이 있고, 그 아첨으로 스스로가 위로받으며 기뻐하는 사람도 있다. 자신의 인격을 존중받는 것이 아니라 자신이 남의 허영을 만족시켜 주는 수단이 되는 것을 기뻐하는 사람도 있다. 이런 것은 주인을 두려워하는 노예의 기쁨이다. 다시 말해 주인의 비위를 맞추는 것만을 삶의 보람으로 느끼는 노예의 기쁨이라고 할 수 있다. 상대의 호감을 사는 것으로 자신의 존재를 증명하고 그것으로 기쁨을 느끼는 것은 분명 노예의 기쁨이다.

변호사가 되는 것이 부모의 마음에 드는 일이라는 걸 알고는 자신이 정작 하고 싶은 것을 뒤로하고 사법시험 공부를 하는 사람은 매일을 공포 속에서 사는 것이다. 이런 공포야말로 인간의 개성을 죽이고 삶의 의욕을 죽인다.

인간은 희망에 의해서도 움직이지만 공포에 의해서도 움직인다. 꿈을 갖고 노력하고 활동하는 사람도 있고, 누군가에게 버림받을까 봐 두려워서 노력하는 사람도 있다. 이런 소외당한 자신과 본래의 자신이 공존한다.

인간에게 공포는 어린 시절 어머니가 옆에 없으면 울음을 터뜨렸던 무렵부터 시작된다. 인간은 혼자서는 살아갈 수 없다. 한밤중에 눈을 떴을 때 어머니가 곁에 없으면 울음을 터뜨리던 어린 시절이 있다. 인간은 애초에 혼자서는 살아갈 수 없게 태어난 것이다.

어떤 사람은 청소년 시절부터 부모가 자신이 살고싶은 대로 사는 것을 허락해 준다고 생각한다. 자신이 살아가고 싶은 대로 살아도 부모님은 자신의 존재를 인정한다고 안심하는 것이다.

이와는 반대로 부모의 소망대로 따르지 않으면 자신은 부모로부터 거절 당한다고 생각하는 청소년도 있다. 이런 청소년은 거절을 당할지도 모른다는 공포심으로 행동한다. 그리고 공포에 따라 행동함으로써 더욱더 그 공포를 확대시킨다. 주변 세계로부터 거절 당하는 것에 대한 공포는 날이 갈수록 그 소년의 마음속에서 커져 간다. 어떻게 해야 자신이 주위로부터 받아들여질지 그것만 생각하며 늘 벌벌 떤다.

주위사람이 출세하기를 바라면 무조건 노력할 수밖에 없다. 어린 시절부터 자신의 존재가 거부 당할지도 모른다는 두려움을 갖고 살아온 사람은 결국은 '사랑받는 노예'로 전락해 살아갈 수밖에 없다.

주위사람에게 인정받기 위해서만 사는 사람은 결국 그 사람들에게 존경받지 못한다. 단지 다루기 쉬운 인간으로만 여겨질 뿐, 자신이 '사랑받는 노예'가 되어가고 있다는 사실은 까맣게 모르고 있다.

허영심이 강한 상사는 끊임없이 주위사람이 자기 비위를 맞춰주지 않으면 마음이 편치 않다. 환자가 약을 필요로 하듯이, 허영심이 강한 상사는 살아가기 위해서 비위를 맞춰주는 사람을 필요로 한다.

인간으로서 사랑받는 것과 좋은 약으로서 사랑받는 것은 다르다. 인간은 정신적으로 불안할 때 진정제를 먹는다. 그런 약과 같은 존재로서 사랑 받고 있는 사람도 있다.

허영심이 강한 상사가 필요로 하는 부하직원이 있는데 이역시 상사에게는 진정제 역할일 뿐이다. 욕구불만으로 채워진 상사가 세상을 냉소적으로 바라볼 때 자기 곁에서 함께 냉소적으로 보아줄 사람을 필요로 한다. 출세를 원했지만 뜻대로 되지 않아 출세 따윈 시시하다고 말하는 상사는 맞장구를 쳐줄 부하직원을 필요로 한다. 이 역시 '사랑받는 노예'를 필요로 하는 경우이다.

사랑받는 노예는 결코 존경받지 못한다

사랑받는 노예는 결코 존경받지 못한다. 이런 사람이 진정제의 역할을 할 수 없을 때에는 가차없이 버림받게 된다. 거절 당할지도 모른다는 공포를 안고 사랑받는 노예로 살아가다가 어느 날 필요 없어지면 버림받는 경우이다.

하지만 이때의 버림은 바로 해방으로 연결된다. 버림받은 그 사람에게는 행복으로 가는 첫걸음이 될 수도 있다. 바로 그때야말로 당당한 '인격체'로서 새롭게 출발할 수 있는 기회이다. 개인으로 당당하게 출발할 때 성장할 수 있는 다양한 길은 열린다.

사랑받는 노예가 되어 타인의 기대에 의해 움직이는 것보다 자신의 신념대로 행동하는 쪽이 결과적으로 타인의 존경을 받을 확률이 훨씬 높다.

지금까지는 누군가 남을 위해 행동해 왔지만 그 사람이 얼마나 교활하고 비겁했는지를 버림받았을 때에야 비로소 알게 된다. 그리고 그런 교활하고 비겁한 인간을 위하여 지금까지 자신을 희생해 왔던 것을 깨닫게 된다.

뭔가를 행동으로 나타내 보이지 않으면 아무것도 시작할 수 없다. 실패는 귀중한 보물이다.

No라고 당당히 말했을 때 의외로 지금까지의 인간관계가 깨어지지 않는 것을 알고는 놀랄 수도 있다. 그때서야 지금까지 갖고 있던 공포감이 근거 없는 것이었다는 것을 깨달을 것이다. 만일 No라고 해서 깨지는 인간관계라면 차라리 깨지는 것이 나을지도 모른다.

자신을 불행하게 만들고 억압하고 공포심을 갖게 하는 그런 인간관계에 어째서 그토록 매달리는가. 불행해지기 위해서 그렇게 엄청난 노력을 기울일 필요는 없다.

교활한 사람들은 No라고 말하지 않는 사람을 존경하기는 커녕 '이용하기 쉬운 인간' 으로 생각한다.

남들이 존경하는 사람은 주체성이 있어 매사에 주인이 되는 사람이다. 내가 하고 싶은 대로만 하면 남들의 미움을 살지도 모르고 비난을 살 것이라고 두려워하는 것은 근거 없이 자신을 괴롭히는 일일 뿐이다. 공포를 바탕에 두고 행동하다 보면 자신에게나 남에게나 존경받지 못한다.

자신을 믿고 행동할 때 남들도 뒤에서 존경한다. 공포를 바탕에 두고 행동할 때는 겉으로 아무리 웃는 얼굴을 해도 사람들은 뒤에서 경멸한다. 자신에게 철저하다는 말은 자신의 주인이 되었다는 뜻이다.

그러나 착각하고 있는 사람은 그렇지 않은 사람의 마음이 보이지 않는다. 그런 사람은 자신은 존경받고 있다고 생각하고 있다. 그러나 주위에서는 착각하고 있는 사람의 마음이 훤히 보이는 법이다.

그리고 그와 같이 겁이 많고 마음이 약한 사람에게 더없이 민첩한 게 '교활한 사람' 이다. 교활함은 약한 것에 민감하다. 그래서 겁이 많고 마음이 약한 사람은 이용 당하는 것이다. '교활한 사람'은 이처럼 마음이 약한 사람을 이용한다. 입으로는 뭐라고 하든 마음속으로는 바보 취급을 하는 것이다.

필요한 것은 자기에게 최선을 다하는 것

자기에게 철저함으로써 우리는 활동적이 된다. 그리고 활동적인 사람이 됨으로써 결과적으로 존경을 받는다. 마음에 공포를 갖고 있는 사람은 타인의 기분을 상하게 할까 봐 두려워서 활동적이 되지 못한다. 결과적으로 존경도 받을 수 없다.

그리고 No라고 말할 수 있는 용기가 생길 때까지 기다린다면 영원히 No라고 말하지 못할 것이다. No라고 말함으로써 용기가 나는 것이지 용기가 나기 때문에 No라고 말하는 것은 아니다.

더구나 어른이 된다는 것은 상황에 따라서 자신의 반응을 바꿀 수 있다는 뜻이다.

No는 언제까지나 No가 아니며, Yes가 어디까지나 Yes인 것은 아니다. 이런 상황에서는 Yes라고 말할 수 있고, 저런 때는 No라고 말하는, 각각의 상황에 맞춰 바꿀 수도 있는 것이다. 사물은 다각적으로 판단해야 하기 때문이다.

실패는 재산이고 성공은 성공을 낳는다. 시도해 보니 의외로 쉽고 그렇기 때문에 자신감이 붙는 것이다. 그 자신감에 기초하여 거듭 시도해 본다. 그러면 더욱더 능숙해질 것이다. 행동이 자신감을 낳고 그 자신감은 또다시 행동을 낳는다. 반대로 자신을 믿을 수 없을 때에는 타인에 대한 공포심만 생기는 것이다.

5장

더욱더 강해지기 위해 필요한 5가지 능력

인내력은 있는가?

> 태풍이 지나면 맑은 하늘이 보인다는 것을 잊지 마라

이 딜레마를 어떻게 극복할 것인가?

마음속에 늘 미움이 있는 사람은 대개 정신적으로 약한 사람이다. 반대로 마음이 강한 사람은 미움이 있어도 그 미움을 떨쳐버릴 수 있다. 그러나 약한 사람은 그 미움을 떨쳐버릴 수가 없다. 살아가기 위해서는 미움을 그저 억누르는 것 말고는 달리 방법이 없다.

어느 다섯 식구의 가장의 예이다. 그는 전세를 살고 있었다. 주택자금을 빌려서라도 집을 장만하고 싶었지만 세 자녀와 아내를 부양하기에도 벅차서 도저히 새로운 집을 장만할 수가 없었다. 이 와중에 주인집 아들이 걸핏하면 그 가장의

큰딸을 희롱하고 짓궂은 장난을 치곤 했다. 이것을 본 가장은 온몸의 피가 거꾸로 솟아 당장이라도 쓰러질 것만 같았고, 당장 그 세든 집에서 나와버리고 싶었지만 형편이 안되었다. 막내는 이제 갓 돌을 지나서 그 어린 것을 데리고 거리를 헤맬 수는 없었다. 그러니 아무리 분해도 참는 것 말고는 달리 방법이 없었다. 아버지는 밤마다 너무 분해서 이러다가는 머리가 돌아버리는 것이 아닐까 생각했다고 한다. 죽고 싶을 만큼 분했지만 어찌할 도리가 없었다.

죽을 수도 없고 미칠 수도 없어 그저 견디는 것 말고는 그 아버지가 할 수 있는 일은 아무것도 없었다. 밉다고 감정대로 행동하면 그 순간이야 속이 시원하겠지만 사태는 더욱 악화될 것이다. 분하고 화가 치미는 날이 계속되면 계속될수록 잠 못 드는 밤도 많아졌다. 이 분하고 굴욕적인 환경에서 벗어나기 위해서는 남들보다 두 배로 일을 더 해야만 했다. 일을 열심히 하지 않으면 그 굴욕적인 환경에서 벗어날 수가 없다.

아마도 인간은 누구나 일생에 몇 번 쯤은 이런 딜레마에 빠진 적이 있을 것이다.

인내함으로써 인간은 진짜 성장한다

인간은 어려운 입장을 참고 견딘 후에야 진짜 성장을 할 수 있다. 이런 딜레마에 있을 때 인간은 이 고통을 통해 한층 성장하느냐 아니면 꺾이느냐를 두고 양자택일을 할 수밖에 없다.

그 가장은 미움이 북받쳐 잠을 이루지 못할 때는 이부자리를 박차고 한밤중에 밖으로 뛰쳐나가 밤거리를 달렸다고 한다. 증오심을 누르고 또 누르며 달리고 또 달렸다고 한다. 흠뻑 땀을 흘리고 이제 잊어버리자고 소리내어 말했다고 한다. 그리고 자신의 증오심을 어떻게 해서든지 생산적인 방향으로 바꿔보려고 노력했다.

결국 그 가장은 집값을 마련하여 새로운 집으로 이사를 했다.

사회인이 되면 학창 시절과는 달리 참고 또 참아야 할 일들이 생긴다. 어느 회사의 여직원 치고 분한 마음에 화장실에서 울어보지 않은 사람은 없었을 거라고들 한다.

사회인이 되어서 가장 중요한 것은 인내하는 것이다. '폭풍이 지나간 하늘은 푸르다'는 말이 있다. 폭풍이 지나갈 때까지 인내하지 못하는 사람은 큰일을 해낼 수 없다.

'폭풍이 지나간 하늘은 푸르다'는 말과 함께 잊지 말아야 할 것은 미움을 억누르고 때를 기다리지 못하는 사람은 큰일을 할 수 없다는 것이다.

미움을 끝까지 참지 못하고 폭발시켜 버리면 그것으로 끝이다.

나는 십대 시절에 로망 롤랑 작품을 탐독했었다. 그중에는 삼십 년이 지난 지금도 잊을 수 없는 구절들이 있다. 그 중 하나가 '참고 또 참으며 기다리리라'는 구절이다. 나는 삼십 년 동안 도저히 참을 수 없는 상황에 몇 번씩 부딪혔다. 그때마다 십대 때에 읽었던 이 '참고 또 참으며 기다리리라'는 말을 떠올렸다.

'기다려보는 것이다, 무엇보다도…… 기다려보는 것이다'
이것은 톨스토이의 ≪고뇌 속을 간다≫에 나오는 말이다.

나의 옛날 일기장에는 로망 롤랑의 말이 여러 번 적혀 있다. 그중에 다음과 같은 구절이 있다.

'증오와 굴욕감이 그의 마음을 황폐하게 만들었다. 몸도 마음도 불꽃처럼 타올라 몸부림치고 있었다. 이 폭풍은 밖에는 전혀 들리지 않는다. 한 마디 말도, 그 어떤 소리도 새어 나가지 않았다. 이를 악물고 그는 모든 것을 속으로 가두었다. 그리고 혼자가 되었을 때 소리 죽여 울고 있었다.'

결단력은 있는가?

> 남들 위에 섰을 때 주의할 점

급한 용무는 바쁜 사람에게 부탁하라

정말 작은 일임에도 결단을 내리지 못할 때가 우리에게는 종종 있다.

예를 들어 서류정리를 한다고 하자. 책상 위에 서류를 늘어놓고 A로 분류할 것, B로 분류할 것, C로 분류할 것, 이렇게 나누어 놓는다. 그런데 어떤 부분에서 이것을 D로 분류해야 할지 E로 분류해야 할지 망설여질 때가 있다. 그렇게 망설이다 보면 순간 그 일에 싫증이 나서 그만두게 된다. 그리고 다른 일을 하려고 하지만 어느새 기력도 없어져서 커피나 마시러 가고 싶어질 때가 있다.

또는 편지에 답장을 쓰기 위하여 정리를 시작한다. 어느 모임에서 안내장이 왔고, 참석 여부에 대한 답변을 해야 하는 기일이 다가왔다. 모임에 참석할 것인지 그만둘 것인지 망설인다. 그리고 '꼭 오늘 답변을 보내지 않아도 아직 시간이 있으니까' 하고는 그대로 내버려 둔다.

작은 일에 결단을 내리지 못하는 상황이 계속되면 어떻게 될까. 결국은 나중에서야 '아직 이것도 하지 않았고 저것도 하지 않았다'며 초조해한다. 그리고는 뭔가에 쫓기는 듯한 기분이 된다.

우리가 피곤한 이유는 자신이 하고 있는 일 때문만은 아니다. 마무리지으려고 했지만 못했던 일들 때문에 피곤한 것이다. 일로 피곤한 것이 아니라 스트레스로 피곤한 것이다. 그 증거로 주위사람들을 둘러보라. 부지런히 일하는 사람은 결코 '피곤하다'고 말하지 않을 것이다. 항상 하품이나 하고 게으름만 피우는 사람이 습관처럼 요즘은 피곤하다면서 푸념을 늘어놓는다. 그렇다고 이런 사람이 휴식을 충분히 취하고 나면 의욕이 충만해지느냐 하면 절대 그렇지 않다. 따분함은 사람을 더 피곤하게 만들 뿐이다.

늘 피곤하다고 말하는 사람은 절대 육체를 혹사하기 때문에 피곤한 것이 아니다. 운동으로 철저히 몸을 단련했을 때는 '왠지 모르지만 피곤해서 견딜 수 없다'는 식의 말은 하지 않는다. 자신의 심신을 사용하지 않으면 마음도 무거워진다.

내 제자 중에 대기업에 근무하는 사람이 연구실로 찾아온 적이 있다. 그는 일요일에는 반드시 마라톤을 한다고 했다. 그리고 나면 월요일에는 몸이 한결 가볍게 느껴지고 건강이 좋아진다고 했다. 몸을 지나치게 혹사해서 죽었다는 소리는 들은 적이 없다. 우리가 피곤을 느끼는 것은 따분함, 고민, 스트레스 등으로 몸을 긴장시켜 피곤한 것이다.

무슨 일을 해도 금방 피로감을 느끼는 사람은 자신의 몸이 피곤한 것은 아니다. 일을 하기 전에 그 일을 생각하며 긴장했기 때문에 피곤한 것이고, 또 다른 일에 신경을 쓰고 있기 때문에 피곤한 것이다. 그리고 이렇게 빈번하게 피로감을 느끼는 사람은 아주 사소한 일에도 의욕이 생기지 않는다.

작은 일에 결단을 내리지 못하기 때문에 일을 중단하게 되고, 그로 인해 일에 쫓기는 듯한 기분이 들어 결국은 피곤하고, 그렇기 때문에 아주 사소한 일에도 의욕이 생기지 않는 것이다. 그렇게 되면 매사에 쫓기는 기분이 된다. 그러다가 결국은 그 일이 적성에 맞지 않는다고 생각하며 고민한다.

각종 모임의 초대장을 받고 그에 대한 참석 여부의 답장을 보내는 일, 서류 정리 등은 누구나 직장에서 하는 일일 것이다. 이런 사소한 것은 직업의 적성과는 상관이 없다. 작은 일에 신속하게 결단을 내리지 못하는 사람은 어떤 직업에서도 금방 피로를 느끼고 싫증을 내는 사람이다.

어떤 모임을 주최했을 때의 일이다. 맨 먼저 참석하겠다고 답장을 보낸 것은 제일 바쁠 거라고 생각했던 어느 대기업의 사장이었다. 의외로 바쁠 것이라고 추측되는 순서대로 참석 여부의 답장이 도착했다. 급한 용무는 바쁜 사람에게 부탁하라는 말도 이런 데서 나온 말이 아닌가 싶다.

참석하느냐 마느냐로 망설이면서 피곤해하는 사람, 그 쉬운 답장을 보내지 못하고 하루하루 미루며 '아아, 그 답장을 꼭 보내야 하는데' 하고 늘 신경만 쓰며 행동하지 않는 사람, 그런 사람은 결코 일 때문에 피곤한 것이 아니다. 일을 해서 피곤한 것이 아니라 일을 하지 않아서 피곤한 것이다.

그 자리에서 해결할 수 있는 일은 즉시 처리해 버려라. 그 자리에서 금방 전화하거나 답장을 보내 바로 해결해 버리는 것이 가장 좋다. 오늘 할 수 있는 일을 내일로 미루면 그 미룬 일 때문에 하루가 끝날 때에는 또다시 피곤하게 느껴진다. 즉 '하지 않으면 안 되는' 일에서 오는 긴장감으로 피곤해지는 것이다. 그 피곤함을 극복하려면 해야 할 일은 꼭 처리해야만 한다.

실력이 수반되지 않으면 결단력은 둔해진다

어느 작은 회사의 2대 사장이 내게 상담을 하러 왔다. 상담의 내용은 전무가 자신을 무시하는 것 같아 불쾌하다는 것이었다. 자신이 사장임에도 불구하고 사원들이 어쩐 일인지 전무의 말만 따르고, 전무 역시 자신을 별로 따르지 않는다는 것이었다.

나는 그에게 "당신은 사장 입장으로 전무나 사원들에게 본인의 의지를 말했습니까?"라고 물었다.

그는 잠시 생각을 하더니 아니라고 대답했다. 그래서 다시 물었다.

"그럼 당신에게는 회사를 어떻게 운영하고 싶다는 확실한 의지가 있습니까?"

그러자 이번에도 잠시 생각을 하더니 부끄럽다는 듯이 말했다.

"그런 것 같지 않습니다."

그는 자신이 한 회사의 사장이면서도 사원들에 대하여 확실한 의지와 소망을 갖고 있지 않았다. 물론 사장이기 때문에 회사의 발전을 바라고는 있지만 그러기 위해서 구체적으로 어떻게 하면 좋을 것인지가 확실하게 서 있지 않았다. 전무의 입장에서 보면 사장의 의지가 확실하지 않기 때문에 회사를 이끌어가기 위해서는 아무래도 자신이 확실한 의지를 표명해야만 했다.

도대체 어떤 성격의 회사로 만들고 싶은지, 어떤 분야에 새롭게 진출하고 싶은지, 어떤 면을 충실히 하고 싶은지, 이런 것들이 그 사장에게는 확실치 않았다.

사장이라는 지위만 몸에 배어있을 뿐, 그에 수반되어야 할 구체적인 의지가 없었다. 자기에게 의지가 없다는 것은 인정하지만, 자신이 사장인 이상 직원들이 전무의 지시에 따른다는 것은 그로서는 불쾌한 일이었다.

이 사장은 전무와 사원들에게는 말할 수 없는 불만을 갖고 있으면서도 사실은 자신에게 확실한 의지가 없다는 것을 무려 십 년 동안이나 깨닫지 못했던 것이다.

예를 들면 선친 대에 해왔던 식으로 하는 것은 좋지만 시대가 변하면서 주 5일제 근무에 대한 의견도 나오게 되었다.

겨울의 시차제 출근에 대한 문제도 있었다. 그래서 '우리 회사는 어떻게 할까요?' 하고 물었을 때 사장은 몇 시로 출근 시간을 정할 것인지 확실한 대답을 하지 못했다.

격주로 토요일을 쉬자는 의견이 나왔을 때도 사장은 의지가 없었다. 그래서 전무의 의견대로 격주별로 주 5일제 근무로 하자고 결정하고 사원에게 지시를 내렸다. 이번에도 역시 사장은 전무의 그런 행동이 마음에 들지 않았다.

이처럼 사장은 주 5일제로 할 것인지 6일제로 할 것인지에 대한 말이 나왔을 때 자기 회사면서도 의지가 확실치 않았다. 그러면서도 타인이 결정을 내리면 불쾌해했다.

나는 전무 입장도 잘 알고 있었다. 사장이 상담하러 온 지 얼마 안 돼서 전무가 상담을 하러 왔었다. 전무의 말은 사장이 다 맡기겠다고 했기 때문에 그와 같은 결정을 했다고 했다. 그러면서 전무는 어떻게 해야 할지 모르겠다면서 몹시 불만스런 표정을 지었다.

나는 사장과 전무에게 서로 부딪쳐야 된다고 말해 주었다.

서로 불신감이 있을 때 부딪치는 것을 피하면 오히려 사태가 악화되어 버리고 더욱 불쾌한 사이가 된다.

　서로 감정적으로 고조되어 있을 때는 냉각기간을 갖는 것도 좋지만 감정적으로 흥분할 성질의 것이 아닌 '논쟁'일 경우에는 오히려 적극적으로 서로 마주치는 것이 좋다. 서로 만나는 것을 피하다 보면 불신감만 눈덩이처럼 불어날 것이니까.

　그리고 사장에게는 아무리 작은 것이라도 좋으니까 스스로 결정하는 것을 시도해 보라고 권했다.

　그 사장의 선친은 자수성가하여 재산을 쌓은 사람으로 매우 열정적인 인물이었다. 그런데 아들은 언제나 아버지 앞에만 있으면 위축이 되어 자기 의견을 내는 것마저도 두려워했다. 이유는 자기의 의지나 의견이 아버지의 생각과 다르면 아버지에게 크게 분노를 살 것이라고 생각했기 때문이다. 아들이라는 이유로 사장자리에는 올랐으나 결국은 어릴 때부터 위축되어버린 탓에 의지를 갖지 못하게 된 것이다.

이 문제를 해결하기 위해서 처음에는 그 사장에게 작은 일부터 스스로 결정하라고 일러 주었다. 가령 회의를 10시에 시작할 것인지 11시에 시작할 것인지, 회사의 운영에 그다지 영향을 주지 않을 만한 일부터 시도해 보고 스스로 결정해 보도록 권했다. 그는 지금까지 선친의 영향을 두려워해 그런 일조차 스스로 결정할 수 없었던 것이다. 아버지와 원만하게 지내려면 어떻게든 자신의 의지를 꺾는 것이 절대적인 조건이라고 생각했던 것이다. 그는 아버지가 사장자리에서 물러나도 아버지에 대한 두려움을 갖고 있었기 때문에 무엇 하나 스스로 결정할 수 없었던 것이다. 하지만 스스로 결정을 하지 않는다면 언제까지 아무것도 스스로 결정할 수 없다. 자꾸 결정을 하다 보니 자신감이 생기는 것이지 자신감이 있기 때문에 결정하는 것이 아니기 때문이다.

회의를 끝낼 때에도 '자, 그럼 오늘은 이쯤에서 끝냅시다' 라고 스스로 회의종료를 선언하도록 권했다. 아버지가 사장이던 때는 언제 회의를 끝낼지 항상 아버지가 결정했다. 그는 그런 아버지로 인해 매우 위축되어 있었던 것이다. 나는 그에게 직원들과 함께 회식을 하러 갈 때에도 회식 장소까지 스스로 결정하도록 권했다.

자수성가하여 재산을 쌓은 사람은 대부분 강한 특성이 있다. 그렇기 때문에 그 자식은 위축되어 버리는 경우가 많다.

그 후 사장은 스스럼없이 어느 쪽이든 자신이 결정을 내리는 과정에서 점점 자신감을 얻었다. 그러면서 서서히 자기 마음속에 깊고 단단하게 내면화하고 있던 아버지에 대한 공포감을 해소했다.

그는 점차 사장으로서 입지를 굳혀나갔다. 단, 결단력 있는 남자로 성장하기 위하여 그에게는 또 한 가지 필요한 것이 있었다. 회사 업무에 대해서 좀 더 공부를 해야 하는 것이었다.

그가 결정을 내려야 할 입장에 있으면서도 무엇 하나 결정을 내릴 수 없었던 것은 회사에 대해서 전무보다 지식이 없었기 때문이다. 일상적인 작은 일에서조차도 그가 결정을 내릴 수 없었던 이유는 그가 회사 업무에 대해서 너무 몰랐기 때문이다.

결단을 내릴 수 있는 조건은 역시 실력이다. 실력 없이 배짱만으로 결단을 내릴 수는 없다.

남들 위에 서려면 그 집단의 방향성에 대하여 명확한 의지를 갖고 있어야 하며, 또한 그러기 위해서는 풍부한 지식을 갖고 있어야 한다.

무슨 일이든 '자네에게 맡기겠네' 라고 말하면서도 불만을 갖는 상사가 있다. 또 그렇게 말하면서도 어떤 일도 맡기지 않는 상사가 있다.

'자네에게 맡기겠네' 라고 말하는 것은 상대방에 대한 신뢰감이 있기 때문이다. 그러나 자신이 어떻게 말할지 몰라서 '자네에게 맡기겠네' 하고 말하는 상사가 있다. 이런 상사는 주의해야 할 인물이다. 상사가 자신의 의견 없이 '자네에게 맡기겠네' 라고 말한다면, 부하직원의 입장에서는 모든 일을 하나하나 지도받으면서 하는 편이 훨씬 수월할 것이다.

'우두머리의 우두머리가 될 그릇'이라는 말이 있는데, 리더는 명확한 의지를 갖고 결단을 내릴 수 있는 사람이라야만 한다. 사느냐 죽느냐 그것이 문제라는 식으로 어떤 일에 대해서나 망설이는 자는 리더가 못 된다. 윗사람이 햄릿처럼 우유부단해서는 아랫사람이 견디기 힘들다. 배짱이 없어서 '자네에게 맡기겠다'고 하는 사람은 리더가 될 수 없다. 남을 부리는 사람은 언제나 결단을 내릴 수 있어야 한다. 결단을 내릴 수 있는 사람은 마음에 갈등이 있어서도 안 된다.

행동력은 있는가?

> 문득 떠오른 생각을 실행해보라

망설이고만 있어서는 아무것도 할 수 없다

슈퍼마켓에서 똑같은 식품을 앞에 놓고 어느 것을 살지 30분 동안이나 고민하는, 우울증에 걸린 주부에 대한 글을 미국에 있을 때 읽은 적이 있다.

단순한 결단조차 내릴 수 없는 이유는 성격이 아직 미숙하기 때문이다. 문제는 어떻게 하면 이런 성격을 극복하느냐 하는 점이다.

그런 성격을 극복하기 위해서는 우선 생각을 바로 행동에 옮겨야 한다. 사람들 중에는 선천적으로 행동력을 타고난 사람이 있다. 어떤 결심을 하면 깊이 생각하지도 않고 즉시 행동으로 옮기는 사람이 있다. 지금 여기에서 문제가 되는 유형은 먼저 행동으로 옮기고 나서 언제나 명랑하게 들떠있는 게 아니다.

문제는 어떤 일이건 '이렇게 할까, 저렇게 할까' 생각만할 뿐 전혀 행동에 옮기지 않은 사람이다. 이럴까, 저럴까 고민만 안고 살다가 일생을 끝내버릴 것 같은 사람. 이런 유형은 공중 화장실에 들어가도 어느 곳을 사용할지 골똘히 생각한다. 일반적으로 사람은 공중 화장실에 들어가면 아무 생각없이 비어있는 곳을 사용한다. 그러나 그들은 화장실 앞에서도 망설인다. 이는 극단적인 예지만 이렇게 되면 어떤 일이건 매사에 '할 것이냐, 말 것이냐'를 두고 고민한다.

어느 샐러리맨이 기차를 타고 출장을 가면서 식사를 할 때식당차를 이용할지 기차 안에서 판매하는 것을 사먹을지를 고민하는 사이에 이미 목적지에 도착했다는 우스꽝스러운 이야기가 있다.

'우선 첫째로 행동'이라는 말은 뭐든지 도리에서 벗어난 엉뚱한 일을 하라는 뜻이 아니다.

물을 마시기 위해 자리를 뜰 것이냐 말 것이냐 생각했다면 반드시 자리에서 일어나 물을 마시러 가도록 하라. 퇴근길에 혼자서라도 술을 한잔 마시고 갈지 아니면 그냥 갈지 생각했다면 반드시 술을 마시고 가는 쪽을 택하도록 하라.

정서적으로 미성숙했더라도 사람은 똑같이 다양한 욕구를 갖고 있다. 하지만 억압이 더 강하기 때문에 욕구를 저버리는 것이다. 결단이야말로 자신을 성장시키는 밑거름이다.

순간적으로 떠오르는 생각은 자연스러운 욕구이다

정서적으로 미성숙한 인간은 어려운 일이 있으면 금방 타인에게 '죽고 싶다, 죽고 싶다'고 말한다. 그렇다고 그가 죽는 쪽을 택하는 것은 절대 아니다.

누구나 긴 인생을 살다 보면 죽고 싶을 때가 있다. 하지만 생각뿐이지 이내 다시 열심히 살아갈 방도를 찾는 것이 보통이다.

그런데 정서적으로 미성숙한 사람은 물을 마실 것이냐 말 것이냐, 화장실에 갈 것이냐 말 것이냐부터 시작하여 죽을 것이냐 말 것이냐…… 까지 고민을 한다.

그야말로 '사느냐 죽느냐 그것이 문제로다' 라는 식으로 최대의 고민이 되는 것이다.

쉬는 날 아침에 눈을 뜨고 오늘은 시내에 나가서 아침을 사 먹으리라 생각했다면 시내로 나가라. 어떻게 할지 망설이는 사람은 대개 그만두는 쪽으로 결정을 해버린다. 아예 단념하는 건 상관없지만 이렇게 할까 저렇게 할까 계속되는 '선택의 고민' 으로 정서적 에너지를 모두 소모하고 그만 피곤해져 버리는 것이다.

정서적으로 성숙한 사람이 이 사람과 결혼할 것인가 저 사람과 결혼할 것인가, 회사를 다닐 것인가 그만둘 것인가 하는 문제로 고민을 한다면 그건 '선택의 고민' 이다.

하지만 아침에 눈을 뜨고는 집에서 밥을 먹을 것인지 아니면 날씨가 좋으니 시내에 나가서 아침을 사 먹을 것인지 그런 사소한 고민 따위를 하는 것은 너무 조잡한 일이다. 그러나 정서적으로 미성숙한 인간에게는 그런 일상의 사소한 일도 역시 '선택의 고민'이며 매우 큰 문제이다.

쉬는 날 집에 있으면서도 산책을 나갈 것인지 말 것인지를 끊임없이 생각한다. 그리고 이럴까 저럴까 망설이며 에너지를 소모하지만 그 뒤에 어느 쪽을 선택해도 역시 다른 한쪽에 대한 후회로 에너지를 소모한다. 그래서 정작 중요한 일을 결정할 때는 에너지가 남아 있지 않다.

제일 처음 떠오른 생각은 자연스러운 요구이다. 그런데 그 다음에는 부정적인 결과 쪽으로만 생각하기 시작한다. 그러고는 이내 단념해 버린다. 단념하고 집에 거의 다 왔을 쯤에야 '아, 친구를 만날걸' 하며 후회하기 시작한다. 유형은 대개 정해져 있다.

정서적으로 미성숙하다는 것은 어딘가에서 부분적으로 성장이 멈추어버렸다는 뜻이다. 정서적으로 미성숙한 자의 일상은 정돈 상태에 빠져 있다. 그러면서 이런 사람은 인생을 단번에 크게 바꿔줄 만한 커다란 돌파구를 찾고 있다. 그러나 시도하지 않는 자에게 그런 일이 실제로 일어날 리가 없다.

행동해보는 것이야말로 인간을 강하게 한다

인생은 치과의사를 찾아갔을 때와 같다고 누군가 말했다. 그 사이에 무슨 일이 벌어질 거라고 생각했는데 아무 일도 일어나지 않은 채 끝나버린다는 것이다.

치과의사로 비유한 것이 적당한지 어떤지는 모르겠지만 미성숙한 인간은 그 사이에 무슨 일이 일어날 것이라고 기대한다. 뭔가를 기대하고 있는 유아적 수동상태로부터 완전히 벗어나지 못하고 있는 것이다. 단순히 기대만 하지 말고 어떤 희망을 갖고 스스로 실현해 보려는 능동적인 정신이 결여되어 있다. 아니 희망조차 없다고 말하는 편이 좋다. 희망을 갖는다는 것은 능동적인 정신활동이다. 정서적으로 미성숙한 사람은 남에게 무엇인가를 기대하지만 스스로 희망을 갖지는 못한다. 그러므로 하찮은 일상생활, 피곤한 생활, 활기

없는 생활을 하면서 그 속에서 뭔가가 일어나기를 기대하고 있다. 희망이라는 구체적인 꿈을 지닐 수 있다면 그것이 그 사람을 구원할 것이다. 그러나 기대라는 것은 막연한 것일 뿐, 나날의 불쾌감을 치유해주지는 않는다. 그런 사람은 농사를 지어 신종 재배를 하고 싶다거나, 화가로서 생계를 꾸려가고 싶다거나, 다른 나라에 가서 일을 하고 싶다거나, 지금 다니는 회사를 그만두고 무역회사를 차려 큰돈을 벌고 싶다거나 하는 구체적인 동기를 갖고 있지 않다.

왠지 막연하게 그동안 무슨 일이 일어나지나 않을까 기대하면서 불안한 나날을 보낸다. 막연하고 정체를 알 수 없는 기대 따위는 결코 실현되지 않는다. 그런 허무맹랑한 기대를 하는 것은 개인으로서 성장하는 것이 아니라 유아 시절로 돌아가고 싶다는 소망의 표현일 뿐이다.

여기에서 중요한 것은 무엇보다 일단 생활 속에서 문득 떠오르는 생각들을 이러쿵저러쿵 생각하지 말고 즉시 실행에 옮기는 것이다. 문득 여행이 가고 싶다는 생각이 들면 회사의 형편이 허락되는 한 무조건 다음 날로 여행을 떠나 보라.

'행동 제일주의'라고 생각해서 여행을 떠나기로 결정했다고 하자. 하지만 우유부단한 사람은 대개 그 다음은 언제 떠나야 회사에서 좋게 생각할까를 두고 고민한다. 그리고 어디로 가야 가장 편히 쉴 수 있을지 생각하면서 여행 안내서 등을 읽어가며 면밀하게 계획을 세우기 시작한다. 제일 좋은 장소는 어디인지, 1박인지 2박인지 또는 당일치기를 할 것인지를 생각한다. 그러다가 결국은 여행 자체를 포기한다.

정서적으로 미성숙한 사람이 때로는 완벽주의자가 된다는 것은 이미 충분히 납득이 될 것이다. 철저한 완벽주의자는 마음이 불안한 사람이다.

어디든 가보지 않고서는 완벽한 곳은 없으며, 어디로 가야 자신에게 가장 도움이 될지도 가 보지 않으면 알 수 없다.

'우선 행동한다'고 하는 뜻은 그렇게 일일이 계획을 세우지 않아도 좋다는 뜻이다. 1박을 할 마음으로 여행을 떠났지만 갑자기 집에 돌아가고 싶어졌다면 그날로 돌아와도 좋다.

몸은 비록 여행으로 피곤해졌지만 그것만으로도 충분하다. 문득 떠오른 일을 실행할 수 있었다는 것으로 만족하면 그만이다.

여기에서 정서적 미성숙자라고 하는 것은 역시 우울증적 성향이 있는 사람을 말한다. 그런 사람에게는 선택은 없고, 언제까지나 다람쥐 쳇바퀴 돌듯 제자리만 있을 것이다.

같은 장소를 늘 빙빙 돌고있기 때문에 이런 사람의 사고방식을 회전목마형이라고도 한다.

씨 밸리라는 미국의 심리학자는 다음과 같은 비유를 했다. 비행기가 뉴욕을 떠나서 시카고로 갔다가 시카고에 착륙하지 않고 다시 뉴욕으로 돌아갔는데, 거기에서도 착륙하지 않고 다시 워싱턴으로 날아간다. 그런 비행기와 같은 사람이 있다는 것이다.

잘못된 선택도 좋지 않지만 그보다 더 나쁜 것은 선택조차 시도해보지 않는 것이다. 작은 일에도 결단을 내리지 못하고 고민하는 사람에게는 진실로 중요한 말이다.

협조성은 있는가?

> 인간관계를 마음으로부터 즐겨라

연령과 정서적 성숙의 균형이 인간의 차이를 만든다

무슨 일을 하든 금방 피로를 느끼는 사람과 여간해서는 피로를 느끼지 않은 사람이 있다. 체력이나 건강이라는 점에서는 그다지 차이가 나지 않는데도 늘 피곤해 하는 사람과 언제나 건강한 사람도 있다. 무슨 일이든 귀찮아하면서 마지못해 하는 사람과 무슨 일이든 부지런하게 하는 사람이 있다. 또한 다른 사람들과 잘 어울리며 대인관계가 좋은 사람과, 자기가 필요할 때를 제외하고는 어떻게든 사람들을 피하려는 사람도 있다. 늘 활기에 넘치는 사람과 언제나 시큰둥한 표정을 짓는 사람도 있다.

명랑하고 즐거워 보이는 사람과 불쾌해 보이고 억지 웃음을 짓는 사람과는 주변 사람에게 주는 기분부터가 다르다.

같은 회사에 근무하고 똑같은 체력 조건인데 어째서 그렇게도 다른 것일까. 같은 대학을 나오고 생활 수준도 비슷한데 한쪽은 즐겁게 생활하지만 다른 쪽은 불안한 마음으로 시간을 보낸다.

이런 결정적인 차이의 원인은 인간의 정서적 성숙도이다. 성장과정 중 어딘가에서 정서적인 성장이 멈춰버린 사람이 있다. 그러나 그런 사람도 당연히 육체적으로는 나이를 먹는다. 반대로 물리적인 나이처럼 정서가 성숙해지는 사람이 있다. 그 차이는 학창 시절보다 회사에 들어가면 더 확실해진다.

학창 시절에는 친구관계가 원만하든 원만하지 않든 그것이 학업 성적에 직접 반영되는 것은 아니다. 남과 사귀는 것을 싫어하는 사람, 친구가 없는 사람, 친구가 있는 사람의 성적이 차이가 나는 것은 아니다. 그 사람이 얼마나 착실히 수

업에 참석하고 얼마 만큼 공부를 열심히 했느냐 하는 것뿐이다.

그러나 회사에 들어가면 학창 시절에 비해 동료 간의 교제와 유대가 중요해진다. 학창 시절에는 별 생각 없이 세상 돌아가는 얘기로 시간을 허비하는 사람이나 그렇지 않은 사람이나 별로 차이가 없지만 회사에 들어가면 그렇지 않다.

회사가 원하는 협조성의 의미와 내용

입사 때 면접에서는 협조성을 곧잘 문제 삼는다. 사람을 채용할 때도 남의 눈치나 살피면서 마지못해 협조하려는 인간은 원하지 않는다.

회사가 협동성을 거론하는 이유는 함께 일하는 것이 싫은 사람, 함께 있으면 즐거운 것이 아니라 피곤해지는 사람은 곤란하기 때문이다. 다시 말해 동료를 만들지 않거나 만들지 못하는 사람이라든지 남을 피하는 사람은 업무에서도 별로 적극적이 아니라는 걸 알고 있기 때문이다. 즉 회사의 업무라는 것이 학자가 연구실에 틀어박혀서 일하는 것과는 매우 다르기 때문이다.

별로 한 일도 없는데 금방 피곤해하는 사람은 정신적으로 긴장하고 있기 때문이다. 그 정신적 긴장 때문에 피곤해지는 것이다. 휴식시간에 같은 부서 동료와 함께 찻집에서 얘기를 나누고 있어도 피곤해진다. 휴식을 취하기 위하여, 기분 전환을 하기 위하여 커피를 마시러 가는 것인데도 역시 피곤하긴 마찬가지다.

그것은 눈앞에 회사 동료가 있기 때문일 것이다. 그런 사람에게는 타인과 함께 있다는 것 자체가 대단히 큰 일인 것이다. 회사에서 서류를 작성하는 일도, 동료와 함께 찻집에 커피를 마시러 가서 앉아 있는 것도 똑같이 정신적 에너지를 필요로 하는 일이다.

누군가와 사귀는 것을 좋아하는 사람은 함께 모여 두서 없이 세상 돌아가는 이야기를 하고 있어도 피곤하지 않으며 그 나름대로 즐겁기까지 하다. 그러나 반대인 사람은 이렇다 할 목적 없이 함께 모여서 얘기를 하고 있는 것조차도 그에게는 일이 되어 버린다.

아무런 목적 없이 사람들과 사귀는 것이 즐겁다고 하는 것은 그 사람이 나이에 어울리게 정서적으로 성숙했다는 의미이다. 회사가 협동성을 신입사원에게 요구하는 것은 실은 정서적으로 얼마나 성숙했나를 알아보는 것이다.

그렇다면 정서적으로 미성숙한 사람은 남과 함께 있으면 왜 불안하고 긴장하는 것일까.

그것은 상대에게 실제 이상으로 자신을 높이 평가해 주기를 바라기 때문이다. 실제보다 높이 평가받으려고 함으로써 현실의 자신을 끊임없이 숨겨야 하기 때문이다. 그렇게 되면 불안감 때문에 긴장을 하게 되고 그래서 마음이 자유롭지 못하다.

자신에게나 타인에게나 무언가를 숨기면 마음이 불안하고 긴장한다. 그리고 피곤해진다. 게다가 상대방이 감탄할 만한 좋은 말을 하려고 한다. 또한 자신을 더 좋게 보이고 싶기 때

문에 거짓말을 하기도 한다. 그리고 또 그것이 들통날까 봐
신경을 쓴다.

있는 그대로 자신을 드러내 보이고 어떤 일이 알려져도 개
의치 않는 사람과 그렇지 않은 사람과는 아무 목적 없는 동
료와의 대화도 의미가 다르다.

실제 모습 이상으로 평가받고 싶어하는 사람은 끊임없이
'변명' 을 늘어놓아야만 한다.

그러나 상대방이 자신에 대해서 어떻게 평가하든 신경 쓰
지 않는 사람은 그게 사실일지라도 그 일에 대해서 장황하게
늘어놓는 것을 귀찮아할 것이다. 변명을 늘어놓는 것은 말하
는 당사자에게는 의미가 있을지 몰라도 듣는 쪽에서는 별 의
미가 없다. 변명을 하는 쪽이야 좋겠지만 상대방은 듣고 싶
어하지 않는다. 그리고 변명을 하는 사람은 자신의 평가가
낮아지는 것을 막으려고 하거나 자신의 평가를 높이려고 하
지만 대개 아무 효과도 없다.

제멋대로 판단하기 때문에 협조하지 못한다

상대방에게 숨겨야 할 일이 있고 변명하고 싶은 일이 있고 자신을 높게 평가받고 싶은 욕구가 있는 한, 그 사람은 타인과 함께 있으면 늘 불안하고 긴장할 것이다.

이런 말을 하면 경멸 당하지 않을까 하는 식으로 신경을 쓰면서 이야기하다 보면 대화가 즐겁지 않고 피곤해지는 것은 당연하다. 대화할 때 마음이 즐겁다는 것은 진실하다는 것이다.

진실하지 않은 사람은 매사가 자기 위주이기 때문에 자기가 싫어하는 것은 남도 싫어할 것이라고 착각한다.

이를테면 샐러리맨이 회식자리에서 술을 한잔 마시고 실없는 음담패설을 했다고 하자. 그때 그 사람이 음담패설을 했다고 해서 사람들은 그를 경멸하지도 존경하지도 않을 것이다. 그런데 이런 종류의 사람은 그런 분위기에 함께 어울리면 자신은 경멸 당할 거라고 생각하는 경우가 많다. 그래서 함께 어울리고 싶지 않은 것을 억지로 참아 가며 어울린다.

이런 심리규제가 초래하는 긴장은 대단하다. 이런 지나친 결벽증이 그 사람의 정서적 미성숙을 나타내고 있다. 흔히 모럴리스트 중에 열등감을 갖고 있는 사람이 많다고 하는 것도 양쪽 모두 정서적 미성숙에서 오는 현상이기 때문이다.

요컨대 그런 사람들에게는 실없는 음담패설조차도 함께하느냐 마느냐가 큰 문제가 된다. 함께 어울리지 않으면 기분 나쁜 녀석이라는 말을 들을까 봐 걱정이 되어 자리를 함께하고, 어떤 때는 경멸 당하지 않을까 두려워 심리적으로 자신을 억압한다. 그런 자리에 함께 어울리면 어울린 대로 자신의 품성을 의심받는 게 아닐까 두려워하고, 회사의 여직원이 그런 사실을 소문내지 않을까 두려워하기도 한다.

다시 말해 주의에서 전혀 문제 삼지 않는 것을 혼자서 문제시 하고 있는 것이다.

보통은 술을 마시고 자연스럽게 스트레스를 발산하고 유쾌한 기분으로 집에 돌아가는데 이런 사람은 오히려 정신적으로 피곤해져서 집으로 돌아간다. 당연히 동료들과의 사이도 좋을 리 없다.

늘 이런 식으로 인간관계가 어색해지고 항상 피곤하니 일에 정력을 쏟을 수 없다. 따라서 이런 사람을 회사에서 월급을 주며 채용할 리가 없어진다.

객관성은 있는가

> 자기의 응석을 극복하라

응석받이들의 감정과 행동의 특징

응석이 받아들여지는 것과 소중하게 대접받는 것의 구별을 확실히 해야 한다. 어느 회사건 제대로 취급받지 못하는 사람이 있다. 왜 아무도 상대해주지 않을까 하면, 다른 사람에 대한 요구만 많을 뿐 자기 책임을 다할 생각은 전혀 안하기 때문이다.

응석이 받아들여진다는 것은 어떤 책임은 다하지 못했는데도 요구는 그럭저럭 통한다는 말이다. 게다가 주위사람들의 태도만 살펴보면 다들 오냐오냐한다. 왜 요구만 하고 책임도 못하는 응석꾸러기에게 다들 고개를 끄덕일까? 그것은 괜히 얽히고 싶지 않기 때문이다.

응석받이는 그런 것도 모르고 상대를 마음대로 부리려 한다. 그러다 잘 안 되면 주위사람들이 잘 움직여주지 않는다고 투덜대며 비꼰다. 이렇게 비뚤어진 감정은 주위사람들로서도 참으로 대응하기가 어렵다. 적의를 품고 있는지 호의를 갖고 있는지 확실하게 표현한다면 나름대로 반응도 해볼 텐데, 배배 꼬인 뒤틀린 심사의 투정은 감정만 건드릴 뿐 대응하기도 까다롭다.

배배 꼬인 굴절된 감정은 상대에게 불만을 갖고 있으면서도 떨어져나갈 수 없게 만드는 감정이기도 하다. 즉 당하는 입장에서 보면 그런 날은 묘한 형태로 늘 상대의 감정에 휘말리게 되므로 도저히 당해낼 수가 없는 것이다. 내게 그토록 불만이 많다면 부디 다가오지 말라고 말하고픈 마음도 굴뚝같겠지만 상대에게는 도무지 통하지 않으니까 문제가 되는 것이다. 응석받이 인간이 갖는 그런 굴절된 감정은, 하나에서 열까지 상대에게 불만을 느끼는 것은 사실이지만 그렇다고 멀리하기보다는 도리어 함께 있고 싶다는 감정이기도 하다. 엄마에게 화를 내고 울면서도 그 뒤를 따라가는 어린 애 꼴인 것이다. 즉, 이 굴절된 감정은 상대에게 기본적으로 의존하지만 자기 생각처럼 움직여주지 않으니까 생기는 응석이다.

응석이 만족된다는 것은 심리적으로 의존하고 있는 상대가 자기 생각처럼 움직여주었다는 것이고, 불만족은 상대가 생각대로 움직여주지 않을 때 생긴다.

응석을 부리지 않는 사람이라면 상대가 자기 생각대로 움직여주지 않는다면 상대와는 별도로 독자적인 행동을 하든지 아니면 상대와 헤어지든지 하는 어떤 확실한 태도를 취할 것이다. 그렇지만 응석받이는 주절주절 불만을 털어놓으면서 졸졸 뒤를 따라다닌다. 만약 물리적으로 뒤를 따라다닐 수 없는 경우라면 그늘에서라도 상대의 험담을 퍼뜨리는 것이다.

응석이 통하지 않아 굴절된 감정을 갖는 사람은 늘 다른 사람의 험담을 늘어놓는다. 따라서 주위사람들로 보아서는 이토록 난처한 사람도 따로 없다. 따라서 응석받이를 대하는 태도도 최대한 관여하지 않으려 하는 것이 기본방침이 된다. 행여 관여하게 되었다면 되도록이면 그의 응석을 받아들여 주는 쪽을 택한다. 응석이 통하지 않을 때 그가 얼마나 비뚤어지는지는 이미 충분히 예측하고 있기 때문이다.

자기가 해야 할 일을 하지 않고 상대에게 이런저런 요구만 하는 응석받이는 참 답답한 일이지만 자신의 요구가 얼마나 부당한 것인지를 모른다. 그저 자기의 응석이 통하지 않으면 상대는 냉정하고 사람의 마음도 이해하지 못하는 에고이스트가 되어버리는 것이다.

내 할 일을 하라 — 응석의 극복

응석받이는 자기 요구가 응석에 지나지 않음을 알지 못하고 마치 정의인 양 착각한다. 응석을 애정인 양 착각하는 유치한 인간들이 마흔, 쉰이 넘은 사람 중에도 여전히 존재한다. 다른 사람에 대한 유아적 일치감을 유치하다고 해석하지 않고 따뜻한 인간미로 착각하고 있는 것이다. 두 살이나 세 살짜리 어린애가 유아적 일체감을 엄마에게 구하고 있는 것은 그렇다고 하지만 같은 감정을 마흔이 넘어서도 갖고 있으면서 그런 자기 기분을 따뜻한 인간미라고 착각하고 있으니까 주위사람들도 기가 찰 노릇이다.

그리고 자기의 부당한 요구가 관철되지 못한 이유를 상대가 출세주의자고 권위주의자이며 에고이스트고 최저의 인간이어서 그렇다고 몰아붙인다. 스스로는 현실주의고 타인은 이상주의자가 되는 근본적인 모순을 응석받이들은 깨닫지 못하는 것이다.

응석이 만족되지 못할 때 표출되는 굴절된 감정을 피하고자 주위사람들은 역시 표면적으로는 최대한 웃는 얼굴로 그를 대하기 마련이다. 그래서 응석받이들의 착각은 다시 시작된다. 즉, 자신이 아주 소중한 존재로 대우받고 있다고 믿어버리는 것이다.

내가 알고 있는 어떤 응석받이 샐러리맨은 자기가 말하면 뭐든지 통한다고 위세가 등등했다. 그는 뭐든지 말만 하면 상대에게 통한다고 기고만장했지만 주위사람들로서는 여하튼 이 골치 아픈 인간의 엉뚱한 희생양이 되는 것을 피하고픈 일념으로 그때그때 대충 받아주고 있는 것뿐이었다.

더러는 이런 것을 '세금'이라고도 부른다. 세상에는 여러 부류의 사람이 있어, 응석받이가 있는가 하면 그렇지 않은 사람도 있다. 사회생활을 하다 보면 피치 못하게 이런 응석받이들을 만날 수밖에 없기 때문에 부당한 요구를 적당하게 통과시키면서 그 굴절된 감정을 피하고자 하는 것은 '세금' 이나 다를 바 없다는 논리인 셈이다. 본래 해줄 필요까지는 없지만 그렇게 해서라도 여하튼 그로부터 거리를 두고자 하는 생각에 응석받이의 요구를 '세금'처럼 생각하며 그냥 받아들이고 있는 사람들이 세상에는 생각보다 많다.

완전한 사회인이 되고 싶으면, 표면적으로는 비슷해보여도 응석이 통하는 것과 진짜로 소중하게 대우받는다는 사실은 결정적으로 차이가 있음을 깨달아야 한다. 진짜로 소중하게 대우받는다고 하는 것은 결코 응석이 만족되는 것과는 다르다. 상대가 호의로 뭔가를 주었다고 하는 것은 자신이 소중하게 대우받는 것이지만, 굴절된 감정에 따른 보복이 두려워서 뭔가를 해주는 것은 결코 자기가 소중하게 대우받는 것이 아니다. 그러므로 타인이 자기 말을 들어준다고 해서 자기가 소중한 존재라고 착각해서는 안 된다. 자신을 진짜로 소중하게 생각하는지 아니면 그냥 '세금'이라고 생각하는지를 찬찬히 돌아볼 줄 알아야 한다.

만약 자기가 소중해서가 아니라 단지 '세금'에 불과했다면 우선 자기 할 일을 제대로 안 했다는 말이 된다. 또는 자기 입장을 착각하고 있는 것일 수도 있다.

'분수'라는 말도 있듯이, 분수에 맞지 않는 일을 하고 있을 때가 '세금'으로 생각될 가능성이 크다. 신입사원들 중에는 때로 부장처럼 굴어도 통하는 경우가 있다. 그러나 사실을 파헤치면 다른 사람들은 그를 단순히 '세금'으로 생각하는 것뿐이다.

20대에는 20대다운 행동을 하는 편이 좋다. 가령 신입사원임에도 다른 회사 부장과 골프를 치려고 한다면 어쩌다 통하는 경우도 있을 것이다. 그렇지만 그 부장은 당신을 '세금'이라고 생각한 것에 지나지 않는다.

때로는 바쁜 사람을 불러내도 나와 주는 일이 있다. 그러나 이때도 당신은 '세금'에 지나지 않는다. 바쁜 사람은 바쁜 사람처럼 대해줘야 한다. 그런데 응석받이들은 바쁜 사람을 불러놓고 쓸 데 없는 얘기로 시간을 죽였으면서도 아무리 바빠도 부르기면 나온다고 득의만면해진다. 분명 상대는 역시 당할 수도 없을뿐더러 괜히 건드려놓으면 골치만 아프니까 포기한 것에 지나지 않는데.

응석받이는 피라미 주제에 설치고 있음을 깨달아야 한다. 정확히 말하면 '세금'보다 못한 존재라고 할 수 있다. 자기가 시간이 난다고 사회적 요인과 사귀려든다든지 바쁜 사람을 붙들고 득의만면하기보다는 착실하게 자기 내부의 힘을 키우도록 노력하라. 스스로에 대한 존재감이 없으면 없을수록 남들이 자신을 소중하고 중요한 사람처럼 봐줬으면 하고 내 말대로 해줬으면 기대하는 법이다.